愛と欲望の中国四000年史

金　文学

祥伝社黄金文庫

はじめに

かの有名な文化大革命が熱狂的であった一九七〇年代に、わたしは中国で小学校に通っていた。革命の渦中で老若男女の別なく誰もが皆まったく同じ服装をしていた滑稽《こっけい》な光景が、いまでも鮮明に記憶に残っている。

男女平等という美名のもと、全国民が人民服を着ていた。その色も紺色、灰色あるいはせいぜい緑色であった。ピンク、赤色など、はなっから姿を消してしまっていた。

女性がパーマをしたりヘアスタイルをおしゃれに装《よそお》うことはほとんど不可能であり、「革命頭《かくめいとう》」というおかっぱ頭一色であった。スカートは資産階級の衣装ということで着用が禁止されていたのか、ほとんど見かけたことはなかった。それでちょっと見ただけでは男性なのか女性なのか区別しがたい、いわば「同性時代」に中国人は生きていたと言っても過言ではないだろう。

そのころ地球の西側の同じ社会主義国家であるルーマニアやアルバニアの人々が時々中国を訪問していたが、彼らの青い目に映った中国男女の判で押したような外見は粗暴で奇怪だったはずだ。

「中国人は男なのか女なのか、さっぱり見分けがつかない」

「革命もけっこうだが、性別までひっかきまわす理由はないはずだが……」

青い目の西洋人が残していった言葉だ。

「中華の女性は化粧を好まず武装を好む」

かの時代に毛沢東《もうたくとう》が流行《はや》らせた有名な言葉である。南方のある漁村の女民兵連隊の集合写真を見て、唐突に筆をとって綴《つづ》った即興の詩句だという。男女の区別がなかった時代を立証する名言である。

ただし男性と女性という視点から見れば、文化大革命は「性革命」であることにはまちがいない。中国の女性たちを男性化へと誘導して「無性時代」という類《たぐい》まれなる社会を作り出したからだ。偽善と革命が牛耳《ぎゅうじ》っていたかの時代、性は不潔だと否定し、低俗でブルジョア的な罪であるかのように見なし、「談性色変《だんしょうしょくへん》」という言葉があるように、「性」は人民大衆にとってもっとも重大な禁忌《きんき》事項であった。

分別もつかなかった少年時代のある思い出が、わたしの記憶の中から永遠に消し去ることのない風景画として残っている。小学校三年のとき、わたしのクラスに都市から転校してきた女生徒がいた。父親の転勤で引っ越してきたのだ。彼女は、田舎《いなか》の学校の垢《あか》抜けない女生徒の中では比べものにならないくらい洗練されかわいく見えた。珍しく髪を分けて結っていたその子は、人民服の代わりに白いシャツにサスペンダーのついた紺色の学生スカートを穿《は》いていたが、とびぬけて愛らしかった。牝猫のような小憎らしく大人っぽいセクシーさを幼いながらも感じることができた。

わたしとその子はしょっちゅう、いっしょに遊んだ。ひょっとして彼女がわたしの初恋なのかもしれない。ところが一年後に、また父親の転勤でよそへ引っ越してしまったため、わたしは初恋を永遠に失ってしまった。いま思い返してみると、もしあのとき女の子が全員スカートを穿いていたならば、おそらくあれほど彼女に魅了されることはなかっただろう。

当時は愛だとかキスだとかいう単語は口にすることも許されない言葉であり、女性の化粧も禁止事項であった。映画も官庁の指導によって制作された「革命啓蒙劇（京劇を改造したもの）」だけで、その映画の中に出てくる主人公たちも皆が独身や寡婦《かふ》、さもなければ情欲と愛情を無視した岩のような心臓を持つ革命闘士ばかりであった。

そうしてわたしに物心がついてきたころ、つまり高校と大学に通っていた一九八〇年代前半から人民服がしだいに減り始め、愛を歌う歌謡曲がちらほらと聴こえ始めると、開放とともに状況は急変していった。

文字どおり「性文化革命」が中国大陸を襲来したのであった。「社会主義・中国では性病と娼婦は根絶された」という二〇世紀中国の神話は、いまやはるか遠い昔話となってしまった。国民のへその下があけっぴろげとなって「不倫は家庭の常備薬」だとか、「中国女はスカートの中にも西洋の風が吹く」だとかいう類の新しい諺《ことわざ》が登場するありさまだ。初恋を体験した純粋だったころとは、まったく正反対に異なる中国人の性意識と性文化である。

日本で研究生活をして日本人の絢爛《けんらん》たる性文化を眺めながら、中国人の性文化をあらためて振り返ってみた。そうして中国人の性をテーマにした本を書いてみようという思いがふつふつと沸き上がってきた。

中国という巨大な国と、その中で暮らしている人々を徹底的に理解しようとすれば、うわべに表われた政治、社会、文学、芸術など「表」の文化だけを見ているのではあまりにも物足りない。その底辺に蠢《うごめ》く男女関係からなる性、すなわち「裏」の文化までをも見つめることで、はじめて真の中国文化を立体的に理解することができるだろう。

性は非常に個人的で秘密めいたことだが、同時にその個人が一人二人と集まって性文化が形成される。ゆえに性は当然個人的でありながらも、社会的・民族的特性を備えているといえる。

はたして中国人にとって性とは何だろうか？

『金瓶梅《きんぺいばい》』を生んだ性の大国・中国の性文化をわたしなりに掘り下げてみたのがこの本だ。

この本が出版されるまで数多くの人々の協力があった。資料を骨身惜しまずに提供してくれるとともにインタビューにも気軽に応じてくれた中国の友人たちに多大な感謝の言葉を伝えたい。最後に、この本の出版にあたり、畏友《いゆう》・蜂須賀光彦《はちすかみつひこ》氏の多大な協力を得たことに対して心より感謝申し上げる次第である。なお、拙著は数年前韓国や日本で出版したが、今回、祥伝社のご好意により文庫版として新しく登場する好運に恵まれた。あわせて編集部の皆さまにも感謝申し上げたい。

二〇一〇年一月　広島の自宅で

金《きん》　文学《ぶんがく》

目次

第二章　英雄豪傑、好色の饗宴

第三章　中国のエロス文学と性表現

第四章　中国の歴史は夜に作られた

第五章　エロスの近代

第六章　中国・性文化革命

本文図版　日本アートグラファー

第一章 好色の伝統

唐時代の後宮にて（清時代の春画）

好色は人間の本性

儒教を体質化しなかった日本人や徹底した儒教文化の中で生を営んできた朝鮮民族は、儒教の本家である中国の性文化は当然のごとく禁欲主義的だと錯覚している。朱子《しゅし》学を筆頭として形成された韓国人の儒教的性道徳の視点からはこのような錯覚はきわめて当然のことだろうが、実相をのぞいてみればあまりに大きな誤解だと言わざるをえない。

中国人は性を意図的にタブー視はしなかった。「性談論を圧制したもの」という視点は後世の儒学者たちの歪曲《わいきょく》にすぎない。むしろ好色《こうしょく》こそ中国性文化の核心だと言える。孔《こう》子《し》と孟子《もうし》をはじめとする草創期儒学思想において、好色はきわめて人間的な本能、あるいは欲求として、儒教が提唱する徳や礼と対立することなく同一線上に位置している。

これから儒学の著作を通して好色文化を探ってみることにしよう。

「好色、人之所欲（好色は人間の欲望だ）」……『孟子・万章上《ばんしょう》』
「食色、性也（食欲と性欲は人間の本性だ）」……『孟子・告子上《こくし》』
「飲食男女、人之大欲存焉（飲食と男女は人間の大きな欲望だ）」『礼記《らいき》・礼運《れいうん》』

儒学者たちは好色を人間の原初的な欲望と本能として認めるばかりでなく、それに対する態度もはるかに寛大であったことがわかる。

孔子の『論語』では「わたしは好色の如く好徳な者を見たことがない（吾未見好徳如好色者也）」というフレーズが何度も出てくる。ここでは「好徳」と「好色」を対立・矛盾《むじゅん》の関係として見ているかのようであるが実際はそうではない。孔子は、好徳が好色のように本性から湧き出てこないことを嘆いているのである。

孟子も「好色」と「徳行」を相剋関係とは見なさずに、むしろ王と民衆がともに好色を享受せねばならないとまで主張した。『孟子・梁恵王下《りょうけいおう》』によれば、孟子が斉《せい》の宣《せん》王に王道を実践することを勧めると、宣王が自分には「好勇」「好貨」と「好色」という悪い癖があるからだめだと言った。これに答えて孟子がこの三つのことに対してひとつひとつ説き明かしていったのだが、「好色」に対する見解はかなり注目に値する。

昔、大王様（すなわち太《たい》王、周《しゅう》の文《ぶん》王の祖先）は好色であられ下女を愛されました。『詩経《しきょう》』には「古公亶父《ここうたんぽ》が朝に馬に乗って西の水辺を過ぎて故郷の山の麓《ふもと》にたどり着いた。そして美女とともに宮殿の場所を得た」とあります。そのとき中には不満を抱いて独り寝をする女はおらず、外には孤独な男やもめはいなかったという。王が好色で民百姓と分かち合うならば王道を成就するのに何の困難があるでしょうか?

王と民衆がともに好色を享受せねばならないという主張は、現代人の視点から見ても何と賢明で民主主義的な思想だろうか! ところが誠に遺憾ではあるが、中国の数多くの王は孟子のこの王道を実行しないばかりか、自分たちは宮殿の中で好色の饗宴を心ゆくまで繰り広げ、ありとあらゆる贅沢《ぜいたく》と富貴栄華を享受しながらも、民衆には禁欲と徳行を強要したのであった。

それでは昔の話はさておいて、現代中国の実例を見てみよう。

無産階級文化大革命のとき、人民大衆には「色」という単語すら口にすることもできないほど徹底的に禁欲主義を強要した時代、当代の西太后《せいたいごう》として悪名をほしいままにした毛《もう》沢東《たくとう》夫人、江青《こうせい》は中南海《ちゅうなんかい》(毛沢東をはじめとする中央指導者たちが居住したところ)で西洋のありとあらゆるポルノビデオを収集・鑑賞し、数多くの男性とフリーセックスを楽しんだという。

このように王道を守ることもできず、山河が滅びるほどにはてしなく行なわれた好色は中国人の権力だったのだろうか?

「色」と「徳」を語源学的にさかのぼってみれば、その親近関係に見当がつく。孔広居《こうこうきょ》は

「色」の字の原型は後背位（明時代の春画）

『説文疑疑《せつもんぎぎ》』において「色」という字は膝の上に人をのせた形だから、その本意は女色だと解釈した。馬叙倫《ばじょりん》は色の字は人の上に人を重ねた形象であるから、男女の性交を意味すると主張した。

要するに色はすなわち女色を表わし、女性の魅力ということである。徳もやはり昔から性的魅力を表わし、色と同義語だと言っても過言ではない。

好色に対する中国の伝統は清《しん》末期の小説『老残遊記《ろうざんゆうき》』の一節によく反映されているので少し引用してみよう。この一節は申子平《しんしへい》が雪の夜に艶《つや》やかな美貌の才女といっしょに静かな山荘に座って談論をする場面だ。

申子平は（女の言葉を聞いて）賞嘆を禁じえず「今日あなたと出会ったことは良き師との邂逅《かいこう》に相違ない。ところで宋《そう》の国の儒学者たちが聖人の意味を曲解したことが確かにあるにはあるが、その正しい教えを解き明かした功徳にも触れねばならないでしょう。たとえば『理』『欲』の二文字や『主敬』『存誠』のような言葉は昔の聖者さまたちの言葉だと言うが、宋の儒学者たちの提唱によって後世にあまりにも大きな教えを残した。人心はこれによって正され、風俗もこれによって純潔となったではありませんか？」と語った。

女はにこっと笑うと子平に秋波《しゅうは》を送った。その愛らしい眉に愛嬌を浮かべると、綺麗な唇から一陣の香りが漂って自分の体の中に染みこむようで、子平は恍惚郷に陥《おちい》り魂が舞い上がるかのようだった。

女は玉のように白く綿のように柔らかい手を卓の下へと差し出し、子平の手をそっと握ってこう言った。

「先生は少年時代の師が手をしっかりと握って厳しく窘《たしな》めたのと比べてみて、どのような気分ですか？」

子平が返す言葉もなく静かにしていると、女は続けて言った。

「良心から仰《おっしゃ》ってください。先生がわたしを愛する心は師を愛する心と比べてみてどのようなものでしょうか？　聖人たちが言う『いわゆる誠意ある者は虚偽で自分を騙《だま》さない』ということは、悪臭を避けて好色を好むことと同じことです。孔子は『好徳は好色のようだ』と仰り、子夏《しか》は『賢者は色を好む』と仰ったのですから、この好色こそ人間の本性でございます。宋の儒学者たちが好徳ばかりに励み好色を憚《はばか》ったのは、それこそ自らを欺《あざむ》くことではなくていったい何でしょうか？　自分自身を騙してまで存誠を云々《うんぬん》することは、信ずるに足りないばかりかむしろ憎々しいばかりです。聖人は情と礼に言及しても、理と欲には言及しませんでした。『詩経・關雎《かんしょ》』で眉目秀麗《びもくしゅうれい》な淑女と聡明な聖人君子のふりをしても、淑女を得ることあたわず夜も眠れなかったことは天の理であり人欲ではなかったというのですか? ここから聖人が人を騙していないことがわかります。……宋の儒学者たちの偽善はとうてい言い尽くせません。もちろんその中に正しい言行もないわけではありませんが、まんいち今日の人々が宋の儒家たちに従って学ぶとすれば孔子、孟子は、はなはだしく忌み嫌われることでしょう!」

まるで美女の口を通して中国の好色文化史の講義を受けているかのようではないか。好色を悪徳ではない徳行のような位置において、本性として推戴《すいたい》した性に対するこの態度こそが、中国の悠久なる数千年の歴史の中で常に性文化の礎《いしずえ》を築いてきた。もちろん宋の儒学者によって表面的には抑圧され踏みつけられた歴史もあったが、基本的な伝統は今も昔も陰に陽に形態だけは異なってもほとんど差異はない。

禁欲と性をタブー視する氷山の一角だけを見て、その底に潜んでいる奔放《ほんぽう》な好色文化を見過ごしてしまえば、中国のエロス文化、性文化を真に理解する道は永遠に閉ざされてしまうことだろう。

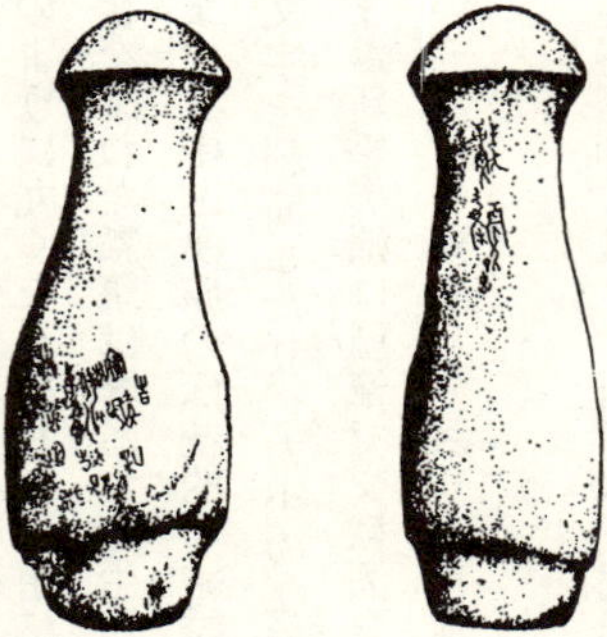

古代中国のペニス模型、「且」の字は男性器を表わす

性器崇拝は祖先崇拝

性に対する信仰、特に性器が崇拝の対象となったことはきわめて原始的な発想であるが、古今東西に共通する文化現象である。

古代の中国人は性を人間と自然の繁栄の根源だと考え、その神秘的で不可思議な霊性に魅かれて性信仰、性崇拝へと昇華させた。日本や韓国でも民間習俗の中に性崇拝現象はたやすく見つけることができる。

はるか遠い昔の原始農業社会、女性上位時代であった母系社会では、女性崇拝とともに女性生殖器崇拝が現われた。もっとも原初的な女性生殖器崇拝として瓢簞《ひょうたん》を挙げることができる。

『詩経』に「綿綿瓜瓞　民之初生」という古

詩があるが、この詩は実は中華民族の原初的な瓢簞崇拝、つまり女性の性器崇拝を反映したものである。中華民族の先民にはこの共通母体である瓢簞から生まれて代《よ》を継いできたという伝説が伝えられている。

瓢簞を崇拝した背景は、瓢簞が「人類最初の植物」であったばかりか、その形態が母親の腹のように丸くなっており、中に種がたくさん入っているためだ。あたかも女性生殖器の形状をまねた瓢簞は繁殖する生殖と多産のシンボルでもあった。

いまでも中国漢族の伝統的な結婚式を見ると、新郎新婦の布団の上に「瓜瓞綿綿」という四文字を刺繡《ししゅう》したり、大小の瓢簞を描《く》いてその上に「子孫万代」という文字を刺繡する。また新婚夫婦は瓢簞で交歓酒を酌み交《か》わすのだが、これは二人が瓢簞の中から生まれたということを象徴しており、日本の桃太郎説話も中国の瓢簞信仰に根源があるという説もある。

女性器信仰には木、石、水、湖など多様な形態があるが、これは日本や韓国とはさほど変わりない。

その中で花を例として挙げてみよう。花は美人の象徴であるが、女性性器のシンボルでもある。フロイトが「花は女性の性器を象徴する」と言ったように、中国古代小説で花蕊《かずい》

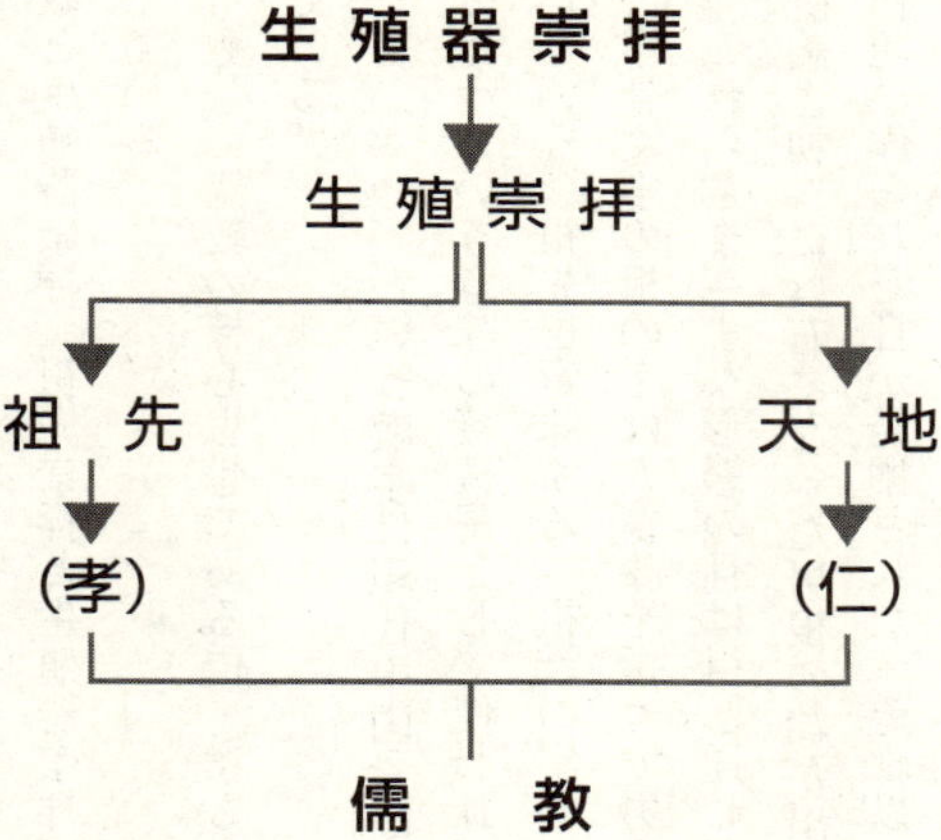

と花弁などは常に女性の性器に比喩《ひゆ》された。中国の神話、伝説の中にも花から子どもが生まれる話が無数にある。

　何年か前に中国の江蘇《こうそ》省連雲《れんうん》港の将軍崖に行ったとき、石の上に刻まれた絵が滑稽《こっけい》で奇妙でひどく興味をそそられた。下は草の葉のような植物になっていて中間から茎が上に伸びているのだが、茎のいちばん先に花一房が咲いていた。そして花房の中の花蕊の部分に眉、目、鼻、口が描かれていた。後でじっくりと考えてみてわかったのだが、その花は女性器であり、その中から人間が誕生するという生産の霊力を意味する性器信仰であった。

　女性器に対する崇拝はさておいて、中国の性崇拝の主流をなす男性器崇拝に対して探ってみよう。最初の女性崇拝は女性器と男性器の崇拝へと発展していき、儒教思想の支配のもとで男性器の崇拝はさらにクローズアップされていった。中国の歴史学者・周予同《しゅうよどう》は儒教と生殖器崇拝（祖先崇拝と生殖器崇拝の結合）の関係について前ページ図のように整理している。

そして儒教の核心思想である仁・孝も生殖器崇拝にその根源をおいていることを論証している。

且〈かつ〉という漢字は現代中国では「チェ（qie）」と発音して「また、いっぽうでは」という意味の接続詞として使われているが、実際には男性器を表わす象形文字だったという。祖先を意味する「祖」の字の原型がまさしくこの且であったという。

甲骨文字の祖の字は人が膝を折って男根に礼を捧げる形態になっている。

これらさまざまな形態の且は祖と通じて、直接的には男性器を意味する。陳仁濤《ちんじんじゅ》の『金匱論古初《きんきろんこしょ》』には石になった男根の絵が出ており、一九八六年河北省満城漢墓《かほくまんじようかんぼ》では、玉で精巧に作られた且が発掘された。それ以前に西安《せいあん》では銅で作られたものが発見された。

且の字は勃起した男性器を表わしたものである。それが時代の発展とともに変遷・成長して現在の漢字になった。

このような古代の性器崇拝がそのまま受け継がれてきて、いまでも日本の神社では石で作った性器と陰陽石、木造性器などを奉《たてまつ》った習俗が生きている。日本はもちろんのこと、韓国でも男根を削って祭祀を行なったり、陰茎岩のような岩石を奉る男根崇拝習俗が数多く残っている。

しかるに中国の性器崇拝習俗は祖先崇拝の儀礼へと脱皮したか文字化されて、男根の形の石などを讃える習俗は少数民族にだけ残っているばかりで大部分は消え去ったのである。

纏足《てんそく》という名のエロチシズム

中国人が発明した独創的な奇習である纏足《てんそく》について、近代の大学者・辜鴻銘《こうめい》とイギリスのある記者が舌戦の応酬をしたという。

イギリスの記者が尋ねた。

「中国女性の纏足について質問します。重い体を一対の非常に小さな足で支えることは、人体の生理構造を無視した処置ではありませんか？　そのうえ中国の男性たちは纏足の匂いを好むと言いますが、辜先生はどのようにお考えでしょうか?」

これに対して辜鴻銘は笑みを浮かべながら答えた。

「イギリス人の最高の芸術は足指踊り(バレエ)だと言えるでしょう。龍飛鳳舞《りゅうひほうぶ》の姿を彷《ほう》彿《ふつ》とさせるその踊りこそ女性美の極致だと言えるのではないでしょうか? それをあなたがたは舞台のうえに上げて大衆に見せ、われわれ中国人は小足を私的に愛でるのです。貴国との違いはまさしくここにあります」

するとイギリス人記者が再び尋ねた。

「それならば小足の匂いを嗅《か》ぐことを好む理由は何ですか?」

こんどは、辜鴻銘がけらけらと笑いながら答えた。

「それこそ、おたがいさまではないですか? あなたがた西洋人がチーズを食べる前にその匂いを嗅ぐのと同じですよ。これは嗅覚の芸術ですね。くさい匂いのするチーズを好む人々だけがこの芸術をよく理解しうるはずです」

悠久で封建的な悪習を守ろうとする近代の大学者のユーモラスで愛国的な弁護(?)は賞賛に値するが、纏足の習俗については賛美したいとは思わない。しかし辜鴻銘の答えは、纏足に対する中国男性たちの格別な愛情と耽溺《たんでき》をよく物語っていると言えるだろう。纏足は男の去勢（宦官《かんがん》）とともに古代中国が生んだ人間玩具の陋習《ろうしゅう》である。纏足の起源説としては、夏禹《かう》説、商代《しょうだい》説、春秋《しゅんじゅう》説、秦《しん》説、唐《とう》末説、五代《ごだい》説、北宋《ほくそう》説等々、諸説紛々であるが、こんにちまで納得のいく定説はないようだ。纏足はその陋醜《ろうしゅう》な様態とは異なり「金蓮《きんれん》」という美しい呼び名がついている。一〇世紀の有名な詩人である李煜《りいく》が、宮女である窅娘《えいじょう》の足を絹の布で包み黄金で作った蓮華《れんげ》台の上でひらひらと踊らせたのだが、それから金蓮という名前がついたと伝えられている。

纏足はその名のとおり、発育期にある幼い女の子の足の指の骨と甲の骨を足の裏のほうに曲げて、長い布でぎゅうぎゅうに縛って発育を中止させる残忍な行為である。そして小さな履物をはかせて人工的に奇形の足を作りだす。中国を代表する絶世の美女・楊貴妃《ようきひ》と趙飛燕《ちょうひえん》の履物のサイズが一〇センチにも満たなかったというから、中国女性たちが纏足を作るために受けた苦痛は「小脚一双《しょうきゃくいっそう》、涙水一缸《るいすいいっかん》」で足るべくもない。

このように女性の体を奇形に、障害者にまで作り上げ金蓮を好む背景にはさまざまな理由があるだろうが、直接的には中国人の好色と結びついたものだ。つまり中国男性のエロチシズムのための性的能力開発に限りなく利用され、男性の性的道具へと変身したのであった。

すなわち古代の閨房《けいぼう》において女性を人為的に作り、快楽と耽美にふけるという目的から纏足は始まったのである。男性にとって纏足は女性の特徴と直結した。ちっぽけな足の裏にぺこんと凹んださまはあたかも女性の恥部のようだ。男性たちはその穴の狭間でセックスまでして淫楽の極致へと達したのである。

『剣津玩蓮記《けんしんがんれんき》』によると、一対の纏足は女性全身の美の集大成だという。

「白雪の肌のように白く半月の眉のように秀麗で、玉指のしなやかさ、乳房のふくよかさ、口のような小ささ、唇の紅、そして恥部の秘めやかさも兼ね備えるばかりか、その匂いも腋《わき》や股の匂いよりもほのかに奥ゆかしく、汗の匂いよりも芳《かぐわ》しい」

そして纏足はハイヒールをはくのと同様に、あるいはバレリーナがトウシューズをはくのと同様に、女の股の筋肉を発達させ局部の伸縮性を活性化させることにより、性交時の男性の快感を高める妙味を備えているという。

そのほかにも男尊女卑が横行していた古代中国社会では、足を奇形化させることで女性の外出を未然に防ぎ、よその男と知り合えないようにしようとする男性の策略でもあったはずだ。古代エジプトでも妻妾に履物をはかせないことで、ひそかに外出を禁止して家だ

纏足している場面

けで活動させたという。

纏足を鑑賞する方法には奇妙なことが多い。清の方絢《ほうけん》という学者が書いた『金蓮品藻《きんれんひんそう》』という奇書を繙《ひもと》けば、金蓮を五式九品に分類してその優劣を品評している。また、金蓮は次の九つの場所にあるとき、その美しさが際立つと記述している。その九カ所とは掌《てのひら》の上・肩の上・ブランコの上・布団の中・灯の下・雪の中・簾《すだれ》の下・屛風の下・竹垣の下である。あたかも男の掌にのせてかわいい人形や玩具でも鑑賞するかのように女の嬌態を観察したということから、纏足に対する耽溺趣味をかなり、うかがい知ることができる。

興味深いことは纏足をした女性たちも金蓮を男性を誘惑する道具と見なした点である。古代の女性たちは思慕する男性を誘惑するのに小さな三寸の金蓮を見せつけたり、揺すって見せたりもした。騒々しく秋波を送ったり、お尻を振ったりして媚びるよりも、このような繊細な立ち居振る舞いひとつだけで纏足耽溺者たちの心を摑《つか》むのには充分だった。

古典文学作品でも男女のやりとりは、よく三寸の金蓮をつねることから始まる。『金瓶梅』の西門慶《さいもんけい》と潘金蓮《はんきんれん》が王《おう》老婆の茶房でやりとりする場面は、みなさんもよくご存じのことだろう。西門慶が潘金蓮の足の傍に落とした箸《はし》を拾うふりをしながら三寸の纏足をつねることから、二人の姦通はその第一歩を踏みだす。

中国人は「玩蓮《がんれん》」という言葉をよく使うのだが、それは纏足のエロチシズム的開発、性的秘技のことである。現代人の視点からは土着的なエロチシズムだとみることができる。

玩蓮の技巧を見れば聴覚的なものが一種類、視覚的なものが四種類、嗅覚的なものが一種類、触覚的なものが四六種類ある。その中でも口を使うものが六種類、手を使うものが二八種類、足を使うものが四種類、肩を使うものが三種類、体を使うものが四種類に及ぶ。重複したものがあるから、のべ四八種類となる。

最初の聴覚的なものは纏足の足音を聴くことであり、視覚的なものには遠くから見る「矚《しょく》」、盗み見る「窺《き》」、見守る「看《かん》」、凝視する「視《し》」などがある。

次の具体的な技巧を見てみると、纏足のエロチシズムがよく現われている。

「嗅《しゅう》」――男が足に巻いた布を解く前に、鼻を間近に寄せ匂いを嗅いで官能を刺激する。まず香粉《こうふん》を足に塗って嗅いでから、あとで纏足のオリジナルの足の匂いを嗅ぐ。

「食《しょく》」――足の指の間や足の裏のぺこんと凹んだところに、干しぶどうや西瓜《すいか》の種などを入れ舌でしゃぶって食べる。

「捏《ねつ》」――手で足をつねる。

「承《しょう》」――纏足を男の体の一部分、つまり掌、膝、頰《ほお》などにのせて見る。

「纏」—長い布（あるいは纏足を縛った布）で女の足を高いところに掛けておく。小説『金瓶梅』にこの場面が登場する。潘金蓮がぶどうの蔓《つる》の下で裸で履物だけはいたまま横になり扇子をあおいでいるとき、西門慶が近寄ってきて自分も衣服をさっと脱ぎ捨て座ると、潘金蓮の花芯（性器）にちょっかいを出して履物を脱がせてから、足を縛った布を解く。そしてその布で二つの脚をぎゅうぎゅうにひとつにくくり、ぶどうの蔓に引っかけて身動きできなくしてから情事を楽しむ。

それから桜桃の実を花びらのように広げた潘金蓮の花芯に飛びついて「肉壺に忍び込む」遊戯を繰り広げる。疲れた西門慶は何時間か昼寝をしてから起き、あいかわらず足をぶどうの蔓に掛けられている彼女のセクシーな姿に魅了され、いきりたった男性を再び彼女の花芯へと猛攻撃をしかける。

「玩《がん》」と「弄《ろう》」は足淫の技巧に属する至難の技巧である。「玩」は纏足の二つの足の裏で男性を摩擦する能動的な技巧であり、熟練せずしては困難だという。

「弄」は玩に比べると少し受動的な技巧で、二つの足の裏を重ね合わせるとできる小さな空間（穴）に男性を挿入させて楽しむ方法である。まるで現代女性、特に西洋女性の山のように巨大な乳房の間でセックスの代用をさせる技巧を思わせる。さらに驚くべきことにこのような手淫の代わりとなる足淫の技巧は何と二三種類にも及ぶという。金蓮を保護する役割をした纏足女性が履いた宮鞋《わらじ》も、また男性の耽溺の対象であったという記録も無数に伝えられている。想像をはるかに超える中国人のエロチシズムの開発のために考案された纏足は、性的な意味から見れば第二の性器と言っても過言ではない。

こんにち纏足の悪習は消え去って久しいが、ハイヒールにしても纏足と同様の原理だというから、いにしえの中国女性の纏足は現代女性の中にも依然として生きているとも言えるのではないだろうか。

夜を制する者が昼を制する

中国の好色文化を論じるときに看過できない存在が宦官《かんがん》である。纏足を考案して女たちを不具者にしたとすれば、宦官を作って男を廃人にしてしまったのである。つまり男性の性器を去勢して男でもなく女でもない「第三の性」を創造したのである。

濃い青色か灰色の袍子《パオズ》に掛子《クァズ》を下に着て、下に紺色のズボンを穿いているが、女のように前に倒れるかのようによろよろと歩く男、首は女のそれよりもか細くて長く、すべすべとした肌にいつも手を股ぐらの前において、目を伏せて人をちらちらと盗み見る。宦官のグロテスクな姿である。

事実、宦官は中国のみならず古代エジプト、ギリシア、ローマ、トルコや朝鮮半島にも存在した。朝鮮王朝末期まで宦官が存在したというのだから、中国文化の影響を受けたことはまちがいない。元《げん》の末期には奇《き》皇后の寵愛を一身に受けた朴不花《パク・フルファ》という中国の歴史上最初の韓国人（外国人）の宦官もいたという。

中国の宦官と宦官制度は他の文明国とは異なり特異に発達して、中国歴代王朝の政治や後宮の生活と切っても切れない関係の中で特殊で奇怪な役割を担った。

中国の歴史上で宦官の政治参与がなかった王朝は皆無といっていいくらいだ。王朝と貴族社会のもっとも近いところにいた宦官は、さまざまな手段で皇帝や皇后、貴妃たちの歓心と寵愛を受け、美女たちの「傾国の色」と同様に国を亡国の道へと導いた。

有名な宦官としては、清末期に西太后《せいたいごう》に仕えた李蓮英《りれんえい》・安得海《あんとくかい》、明《みん》の魏忠賢《ぎちゅうけん》・劉瑾《りゅうきん》、唐《とう》の李輔国《りほこく》・高力士《こうりきし》、秦《しん》の始《し》皇帝の時代の趙高《ちょうこう》などを挙げることができる。彼らとは対照的に輝ける民族の英雄としては、宮刑で宦官になった歴史学者の司馬遷《しばせん》、製紙術を発明した蔡倫《さいりん》、世界の航海王と呼ばれる鄭和《ていわ》がいる。

それでは天下の腐敗宦官、劉瑾のことを少し探ってみよう。明の時代の中葉、北京《ぺきん》では

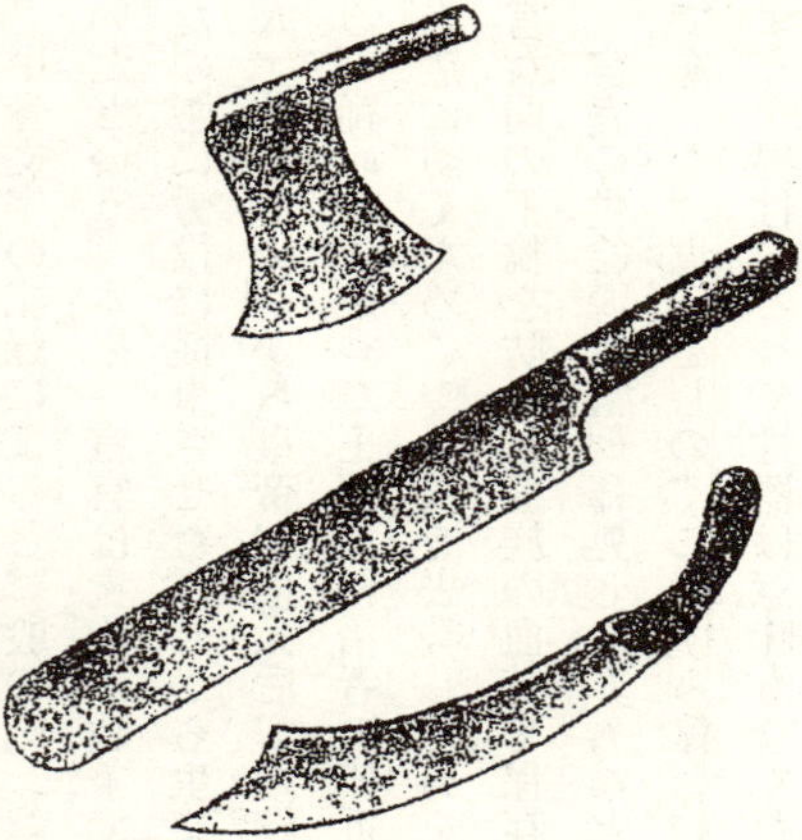

宦官になる去勢手術で使用された刀

次のような口伝民謡が広く歌われていた。

ひとりは皇帝の位につく皇帝だよ、もうひとりは皇帝を立てる皇帝だよ。
位ならば朱《しゅ》皇帝だけど、天下は劉皇帝のものだよ。

朱氏明《みん》国の武宗《ぶそう》時代、宦官・劉瑾は皇帝の座に据えられていない「皇帝」として有名であった。彼は、知恵が足りない皇帝を歌舞や相撲などの遊びに引っ張りこんでは遊興淫楽に陥《おとしい》れたのち、王朝の心腹を手中に収め皇帝を籠絡《ろうらく》して、天下を治める権力をわがものとして狼藉《ろうぜき》を働いた。結局、劉瑾は「陵遅処斬《りょうちしょざん》（大逆罪を犯した者に科した極刑)」を下されたことで、天下の民百姓の怨声の中で罪多き生涯を終えた。

歴史的に宦官の弊害を数限りなく経験しながらも、中国人たちはなぜ宦官を根絶しようとはせずに宦官制度を活用したのだろうか?

甲骨文字の記録によると、殷《いん》の国(紀元前一四〇〇年頃)の武丁《ぶてい》王時代にすでに宦官がいたという。本来、宦官は貴族が戦争で捕虜として生け捕りした異民族の男を宮刑に処《しょ》したのちに労役に従事させたことから生まれたが、のちに皇帝たちが生殖能力を失った「廃人」として後宮から皇帝、皇太后、妃嬪《きひん》たちの世話をさせるようになったと伝えられている。疑心の多かった王朝で統治者の側近で世話をする男との男女関係で醜聞が立つことを未然に防ぐために、男根を去勢した男を利用するようになったのである。そのうえ、男と宮女間の不倫を防止し皇族の血統を保存してゆくために、宦官は不可欠な存在となった。

宦官の供給源は宮刑に処した罪人などさまざまであったが、主には貧困な下層民の少年であった。糊口《ここう》をしのぐことすら難しい下層貧民にとって結婚は夢のまた夢であり、そのような男性にとって性器は意味もなくだらんとぶらさがった不必要なものにほかならなかった。それを切り捨てることによって富貴栄華が手に入れられ、運がよければ天下の支配者になることもできた。そのうえ王族に昇格して贅沢な暮らしとともに美女までも手中に収められるのだから、持ち物といえば二つの睾丸《こうがん》ばかりの彼らにとって宦官の道は唯一の出世の道でもあった。

それゆえ宦官志願者はいつもいっぱいに溢《あふ》れかえった。歴代の王朝時代には宦官の数は一万人を超え、明の後宮には一〇万人の宦官がいたという。

去勢をする光景は人間としてはとても見るに忍びないという。胡暁《こぎょう》が編著した『皇室秘聞』にはこの説明がある。

紫禁城《しきんじょう》西華門《せいかもん》の外に廠子《チャンズ》というみすぼらしい一軒の家があり、そこに刀子匠《ダオズチャン》という朝廷が認めた専門の手術家がいる。対価として銀六両を先払いすれば、手術を受けることができる。先払いができない場合は保証人が必要だ。

手術直前にまず白い紐《ひも》で手術を受ける人の下腹と股ぐらの間をぎゅうぎゅうに縛り、切断部分である男根を胡椒《こしょう》汁で洗ったのちに鎌にそっくりの小さな刃物で手術を執り行なう。宦官になる人はオンドルの上に斜めに傾いて横になり、助手三、四人が腰やら足をしっかりと押さえて身動きできないようにする。

刃物を握った刀子匠が念を押す。

「後悔はしないな?」

頷《うなず》いて承諾すると、光り輝く刃物の閃光とともにあっという間に男根が切り落とされる。

睾丸だけを取る手術法もある。白蠟《はくろう》をつけた細い針や糸を尿道に挿入させたのち、冷水に浸した紙で傷口をよく包む。五日間水を飲んではならないので苦痛ははなはだしいという。五日後、尿道の栓を引き抜くと小便が噴水のように噴き出す。これで手術は大成功、みんなが飛び上がって歓《よろこ》ぶ。こうして宦官が誕生する。

男性を失った宦官は生理的な変化とともに男性的気質まで喪失する。だからといって、こんにち性転換手術を受ける人のように女性に変身するわけでもなく、まさに男でも女でもない第三の性となるわけだ。先に描写したように外見も貧弱で奇怪であり、幼い宦官はあたかも女の子のようで、年老いた宦官はみすぼらしくまるで男装をした老婆を彷彿《ほうふつ》とさせる。

残忍な方法で廃人となり、正常な人間が享受する楽しみを味わえない彼らは、性格が異常に粗暴であったり情緒の起伏が激しく陰険で心に裏表がある。

宦官は宮中に入れば徹底した奴隷根性を発揮して皇帝や皇后、皇妃、宮女などに一生懸命に仕える。美形の顔立ちをした幼い宦官は、幼年の皇帝の遊び相手となる。皇帝は成長して正式に結婚するまでは宮女との性交渉は禁止されているため、宦官たちの後庭《こうてい》すなわち肛門は、皇帝の性欲を発散するための道具として利用される。

皇帝の「女」となるかと思えば、宮女たちの「男」にもならねばならない。日ごとに宮中の怨女《えんじょ》、すなわち宮女、妃嬪たちと生活をともにすれば、宮女と宦官のスキャンダルが生じるのは当然である。寂しくてたまらない宮女たちには、男根が切られたとはいえ「男」であることには違いなく、舌で男根の代わりをしたり、抱擁《ほうよう》したり、局部を刺激するなどの方法で一時的に欲求不満を解消することもできた。

事実、歴史を繙《ひもと》いてみても名高い宦官たちは妻妾までもうけて結婚した者も数多くいた。一例として絶世の美人・楊貴妃《ようきひ》と密通した高力士は呂《ろ》氏美人を夫人に迎えて、呂氏が亡くなったのちには豪華な墓まで作ったという。西太后と宦官・安得海の淫乱は子どもでも知っている事実である。

「玉茎重生《ぎょっけいちょうせい》」という言葉があるが、これは切られた男根が甦《よみがえ》ることをいう。幼年時代に切られた男根は再生して女性と充分に楽しめる程度になるという。明の時代の宦官・魏忠賢がその重生した玉茎で皇帝の乳母である客《かく》氏と和姦したという逸話は有名である。

中国で宦官は太監《たいかん》と呼ばれた。いまでも宦官よりも太監と言うほうがよく通じる。男性を失った太監の重要な役割は「後宮三千人《こうきゅう》」という皇帝の「夜の営み」に奉仕することだった。

統計によれば古代中国の後宮では、皇帝の正室である皇后と四夫人九嬪《ひん》二七世婦《せいふ》をはじめとして女性がなんと四〇〇〇人にも及んだという。ここで仕える宦官だけでも四〇〇〇名あまりにも達した。

皇帝と閨房の営みを管轄する太監の事務所を敬事房《けいじぼう》というが、男性を失った宦官でなければ執行することができない神聖な仕事であった。敬事房の太監は皇帝が皇后と性交をした年月日時を記録して受胎の証拠とした。

原則的には皇帝といえども皇后や妃嬪の閨房に自由に出入りすることは禁止されていた。事前に太監にいつどの閨房に行くと予告しなくてはならなかった。皇后や妃嬪は定められた人ゆえに問題はないが、数千数万に及ぶ宮女の閨房にいちいち訪れることはとうてい不可能なことであった。そのうえ顔も見たことのない宮女が大部分であったために、皇帝としては気に入った女を選択するほかなかった。

それで考案された方法が録頭牌《ろくとうはい》によるくじ引きのような指名制であった。敬事房の太監が皇帝の夕食を持ち、銀の盆に皇帝がふだん気に入っている籠《ろう》姫・愛妾たちの名前を記した緑色の名札を乗せてくる。皇帝がそのうちのひとつを裏返すと、その夜はその愛妾と愛を交《か》わすという意味である。

夜になると素裸の愛妾を絹の布団にくるみ（寒い場合には羽毛の布団でさらにくるんで）太監がおぶって皇帝の寝室に連れていく。太監は外で性交が終わるのを待っていて、時間になるとただちに「時間となりました」と告げる。三度催促しても答えがなければ無理やり寝室に入り体を重ね合っている皇帝と女を引き離す。そして連れてきたときと同様に裸の女を布団でくるみおぶって出ていく。それゆえに太監の権力も並大抵《たいてい》ではない。皇帝のセックスまで支配しているのだから。

人間のもっとも秘密めいた営みにまで仕える関係だから、宦官と皇帝が親しくなるのは無理からぬことだ。宦官が朝廷を牛耳っていたという秘密はここから解き明かされるのではないだろうか。やはり夜を制する者は昼も制することができるのだろう。

男が茶釜なら、女は茶碗

一夫多妻制は世界のいたるところでたやすく見ることができる社会現象だ。しかし、その存在理由となるとさまざまである。

農耕生活をしていたケニアのキプシギ族は働き手を増やすために数多くの妻妾を囲ったという。妻妾を多くおくことで働き手が増えれば生活が豊かになり、それに伴ってさらに妻妾を養う余裕が生じるためである。キプシギ族の男たちは家畜を放牧しながらあちこちに囲った妻妾と子女を見て回るという。

これとは対照的なのが、いにしえの中国の一夫多妻制である。一人の男に仕える数名、数十名の妻妾たちがひとつの屋根の下に同居して大家族を構成する。たがいに血縁関係ではない女たちがひとつの屋根の下で暮らすと、もめごとが増えて猜疑《さいぎ》と嫉妬《しっと》とありとあらゆる喧嘩《けんか》が繰り広げられる。それゆえ数多い妻妾を率いる家長の心労は並大抵ではなかったろう。

中国で一夫多妻制がさかんだった理由は何だろうか? ひとつは後世（後継ぎ）を残すための大事であり、もうひとつは膨張する男性の性的欲求を満足させるためであった。「多子多福《たしたふく》」という言葉があるように中国人にとって子息をたくさんもうけ育てることは幸福な人生のもっとも重要な条件である。孝《こう》を重視する儒教思想のもとで子息を数多くもうける近道は、すなわち数多くの妻室に通うことであった。このことを端的に表わしている孟子の有名な言葉がある。

「不孝には三つあるが、そのうち後世がないことがもっとも大きな不孝である」

いにしえの中国の伝説の中で舜《しゅん》帝は父母に黙って尭《ぎょう》帝の二人の娘を妻としたことがあったが、父母を騙《だま》した無礼は、後継ぎがいない親不孝に比べれば何でもないことだから、結局舜帝の無礼も黙認され、隠し通すことができたのだ。

後継ぎをもうけるという理由はきわめて公明正大なものであるから、帝王、大臣から庶民に至るまで、妾を囲ってもかまわないという光栄な口実を提供してくれた。正室がもし後継ぎ、すなわち息子を産めなかったならば、夫が妾を囲うことに反対する何の理由もなかった。息子も産めない立場で夫の納妾を邪魔したりすれば、それは嫉妬であり家系に対して罪を犯すことであった。

春秋時代初期に一夫多妻制はすでに定着したばかりでなく、貴族階層では媵妾《ようしょう》制度までできていた。「媵《よう》」は送るという意味であり、新婦が嫁入りするときにともについていく女、つまり下女のことを媵と呼んだのだが、それがのちに妾となった。媵婚の範疇《はんちゅう》には新婦の妹や親戚まで含まれる。正妻が亡くなったり離婚したときには、その中から正妻を物色した。

『詩経』には新婦が媵妾として妹や下女を連れていかなかったため、そのせつなさを嘆いた詩が収録されている。

長江の支流はいったんは分かれても、再びひとつになります。お嬢さまはお嫁入りされるとき、わたしを残して行かれてしまった。必ず後悔されるはずです。長江の水は分かれても、また再び合流します。お嬢さまはお嫁入りされるとき、わたしを残して行かれてしまった。いつか必ず呼んでくださるはずです。

長江の他の川に水は分かれても、また再び合流します。お嬢さまはお嫁入りされるとき、黙ってそっと行かれてしまった。いつの日か必ずわたしのもとにいらして、喜びの歌を歌われるはずです。

天子、諸侯は言うに及ばず、一夫多妻制の名目のもとに数十、数千名の女を膝下《しっか》に囲い、金持ちや商人など力のある男たちも数多くの女を囲って暮らした。庶民の多妻制についても「一男二女法」を広く許可するほどであったから、その実情はあらためて言及するまでもない。

このような一夫多妻制観念は古代中国では非常に盛んであった。中華人民共和国が成立したばかりの一九五〇年代初期でも、金持ちの家の男が妾を何人も囲っているのは日常茶飯事であった。

文人たちの風流はさらに特記すべきものがある。妾と側室を囲って、若い女を外に作り、遊女を買うことが文人の間で流行したりもした。近代になっても、紳士たちが挨拶《あいさつ》がわりに言う言葉が「お食事はされましたか？」ではなく、「奥さんは何人いらっしゃいますか？」であった。もし「二人しか……」などと言えば、とんだ笑い種《ぐさ》になったという。中華民国の大総統であった袁世凱《えんせいがい》も一妻九妾の大家族を率いていた。

近代中国の学界と文壇の怪傑《かいけつ》として名声を馳《は》せた辜鴻銘は、東西文化に通暁《つうぎょう》した大学者だが、一夫多妻制を口をきわめて賛美した人士でもあった。彼は纏足を国粋として推戴し、八股文《はっこぶん》（明・清の官吏登用試験）、宦官、貞節碑などの封建的な残滓《ざんし》について、中国の「独特な宝」だと見なして、口角泡を飛ばして弁護したという。その弁護の水準は、清の弁髪《べんぱつ》と唾《つば》や痰《たん》を吐く癖にまで及んだというから、怪物も並大抵の怪物ではない。日本人の妾まで囲ったという彼は、中国の一夫多妻制を賛美・弁護した国粋主義者であった。

ある日、社交界で名高いイギリスの貴婦人が宴会の席上で辜鴻銘にこんな質問をした。

「辜先生は中国の納妾制度を積極的に弁護していらっしゃいますね。普遍的人間性という観点からおうかがいしたいことがあります。男は何人もの女を囲うことができるのに、なぜ女は何人もの男を囲うことができないんですか？」

すると辜鴻銘は慌てる様子もなく泰然と答えた。

「ご婦人も人類の始まりの状況をご存じでしょう？　そのとき人間は母親だけを知っていて父親は知りませんでした。あなたはその時代の野蛮な状態に愛着を感じますか？　はるか遠い昔の原始時代に戻りたいですか？　わたしは明らかに中国の妾制度を弁護しましたが、納妾制度が中国だけで合理的だという意味ではありません。それは満天下の真理なのです。男が茶釜ならば、女は茶碗です。茶釜ひとつに茶碗四つが伴うことはあっても、茶碗ひとつに茶釜四つが伴うことがあるでしょうか？」

周囲で爆笑が弾けた。

時代の発展とともに一夫多妻制は消え去ったものの、辜鴻銘の「茶釜と茶碗」のエピソードはこんにちでも中国人の笑いをかき立てている。

その笑いの中で、『金瓶梅』に出てくる西門慶の妾の潘金蓮の台詞《せりふ》で、辜鴻銘の言葉に

寝室をのぞく…(清時代の春画)

答えることができる。

「茶碗ひとつに二つの匙《さじ》を入れて、がちゃがちゃとぶつからずにいられるでしょうか?」

開かれた寝室

一夫多妻制の好色伝統を探るとき、中国の寝室は中国人の性行為、性的観念を理解する直接的な鍵となる。では、中国の寝室をのぞいてみよう。

寝室といえば、一般的に密室を連想しがちだが、古代中国人のエロスの産室である寝室はさにあらずだ。むしろ隠密性が弱く開放的だとも言えるほど密閉されていないのだ。

寝室は言うまでもなく、人間が居住して寝る部屋であり、男女が愛を交《か》わす密室である。ところが中国人は数千年の間、密閉性の少ない開放的な寝室で生活してきたから、性開放の裏面を相当に推し量ることができる。

中国人の開かれた寝室の特徴は、あえて古代の文献を捜し求めなくとも、これまで保存されてきた唐・元・明・清の時代の古代建築と、古代小説によく表われている。故宮や貴族の家屋を直接見ればよくわかることだが、客室や書斎よりも寝室でプライバシーが保証された密閉性は見られない。寝室の正面は木で編んだ窓が大きな面積を占めるのだが、その表面には山水画や美人画が描かれた唐紙《からかみ》を障子のように貼ってある。風を防ぐ役目は果たすが、外からは簡単に室内をのぞくことができる。あえて指に唾をつけてちっぽけな穴を開けなくとも、あかりの下で揺らめいて動く影だけでも、部屋の中で何が繰り広げられているのかは充分にわかる。

そればかりか、「雲雨《うんう》の情」を交わす喜悦の声はもちろんのこと、おならの音までも無料で聞こえるほどに防音状態はほとんどゼロに近い。中国人はこのような寝室で寝起きしてきたために「壁に耳あり」という諺《ことわざ》を頻繁に使う。

数年前、日本の古本屋で、外国人が中国人の寝室風景を描写した本を見つけたことがあったが、その文章の一節があまりに風変わりだったのでコピーしておいた。それを通して中国人のいにしえの寝室を体験してみることにしよう。

昔の中国人の華麗なエロスの伝統は、こんにちでも香港や南方の華僑《かきょう》の金持ちの家の寝室にそのまま息づいている。

中国人の寝室はたいてい赤い色をしている。壁には「福」だとか「寿」だとかの縁起のいい言葉がたくさん掛けられていて、立派な山水画や花鳥画が掛けられていたりもする。赤い絨毯《じゅうたん》が床に敷かれており、ベッドには柱のようなものが立てられていて、やはり淡い赤色の絹のカーテンが掛けられている。そのカーテンはとんぼの羽根のように透《す》き通っているが、透明なシルクを編む古代中国の織物技術を誇るかのように高級で豪華な趣《おもむき》が多分に漂ってくる。

女が寝室に入るときは、赤い絹の四角い布で腹を隠す。しかし腹の下のほうは布はなく、女性のもっとも魅力的で密やかな部分を覆《おお》い隠す役割は果たしえない。白玉のように白い腹部だけを赤い布で隠した女の姿は何とも表現しがたい魅力を発散する。ビニールのように透明な絹の下着を穿くこともある。しかし、下着とはいっても下着の役割を果たしていない。つまり魅力的な太ももや下腹の神秘的な部分を覆い隠すためのものではない。

このような妖艶な出で立ちで女が寝室に入ってきて、セクシーな姿態のまま男に茶を注いでサービスをする。それから男女は酒を酌《く》み交《か》わす。これは寝床に入る前の儀式でもある。熱い酒は白雪のような女の体をピンク色に染める。男は女を胸に抱いてベッドの上に横たわらせる。

ここで中国のベッドの特徴を説明せねばならない。中国のベッドには足のほうに二本の細い柱が立っていて、それもやはり赤い絹に包まれている。いったい何だろうか？

これは、女の二本の足を高く上げ両側に広げて、金蓮《きんれん》を三寸高くして吊《つる》しておくためのものだ。そうすれば女は自由を「剥奪《はくだつ》」され、男の乱暴な愛撫にも抵抗することができなくなるからだ。

苦痛と快感が同時に強烈に繰り広げられる状態こそが、中国人の寝室のシナリオをクライマックスへと導いていく。

このような夫婦生活が窓外の他人にのぞかれても、あまり気にとめなかったのが中国人の寝室である。

寝室の物理的構造は人間の精神的構造の発露である。日本人や韓国人にとっては、その開けっぴろげな寝室はとうてい想像もできないことだろう。防音が完全に施《ほどこ》されている現代のマンションに住んでいても隣家に聞こえはしないかと、性生活をまるで骨董品でもさするかのように用心深くするために、セックスノイローゼに罹《かか》る夫婦が増えているという統計まで出ているほどだから、現代人を恨むべきだろうか？　それとも文明を恨むべきだろうか？

古代中国人は性生活をきわめて本能的に認識して、他人がのぞかないかと恥ずかしがったり、下品なことだと卑下したりはしなかった。孟子は「男女居室《だんじよのきよしつ》、人之大倫也《ひとのだいりん》」という名言を残した。「男女居室」とは男女の性生活のことをいう。居室の中の性生活を人間の大きな倫理道徳として高く評価するほど、性生活に対して寛大で賛美する傾向まで見られた。儒教の古典である『礼記《らいき》・内則《だいそく》』には、このように真摯《しんし》な一節まである。

「妾が年老いたとしても、五〇歳未満であれば五日間に一度ずつ性結合をしてやらねばならない」

一夫多妻制の生活の中で、若くて美しい妻妾を囲ったとしても、年老いた妾を馬鹿にするのではなく、自然の生理欲求を満足させることを怠ってはならないと、夫に対して教え諭《さと》す徳目である。ことほどさように儒学の教典や初期の儒学者たちは、性欲を満足させて充実した性生活を円滑に行なうことを、性欲を放縦《ほうしょう》にしないという制限のもとに、きわめて重要な人間の営みだと見なした。

古代の寝室に入ってみると、当時の中国人は非常にオープンな性生活と、現代的な意味でいうフリーセックスまで楽しんでいたことがわかる。夫が妻とセックスをするとき、下女や愛妾が同じ部屋にいっしょにいて世話をするのが、ごくあたりまえのことだったという。

中国の春画を見れば、そのような場面が写実的によく描写されている。主人が愛妾とセックスをするとき、順調にことがはかどるように侍女やほかの愛妾が主人の体を後ろから押している場面を描いた絵を見ると、現代人ですらも経験しえない禁断のフリーセックスを楽しむ中国人の性生活の開放性に驚きを禁じえない。絶倫男は愛妾と一戦交えてから、引き続いてすぐさま自分の体を押してくれた女とも一戦交えたというから、その絶大なパワーもまた中国人らしいと言えるのではないか。

韓国の壇園《タン・ウオン》（金弘道《キム・ホンド》の号）や惠園《ヘ・ウオン》（申潤福《シン・ユンボク》の号）の風俗画にも見られるが、中国の風俗画の中には寝室での男女の営みをのぞき見したり、盗み聞きしたりするシーンが数多く登場する。寝室文化の開放性をよく物語っている現象だと言えるだろう。

これまでも中国の農村には「鬧房《どうぼう》」「聴房《ちょうぼう》」のような習俗が残存している。中国の結婚式のクライマックスは何といっても、この「鬧房」だと思われる。結婚式の日、新郎新婦に対してさまざまなおもしろくエロチックな方式で難題を出して、それを解かせては悪戯をすることだ。

このような寝室文化の遊びの中には、親戚や親しい知りあいたちが新郎新婦が寝床で愛を交わすのをのぞき見したり盗み聞きしたりすることもあるが、あまたの人が見ているところで新婦のスカートの中に入る遊びや、初夜の新婦を裸にしておいて新郎の親戚たちが新郎と「一勝負」交える遊びもある。

寝室の開放性が、そのまま性の寛容性としても通じた中国人である。

好色文化の華は妓女《ぎじょ》

妓女《ぎじょ》は中国好色文化の花園に咲いたもっとも華麗な花である。現代人は妓女というと売春婦や娼婦程度にしか理解しないが、中国・妓女発達史の内幕を探ってみると、それがたいへんな誤解であることがわかる。『切韻《せついん》』『正字韻《せいじいん》』を見れば、妓女の「妓」の字は古代中国では美女や歌舞に精通した女を意味することがわかる。

妓女に対する正確な定義は「女色と芸技で男性に性的サービスを提供する女」ということになるだろう。妓女は歌舞芸術に従事する女として、現代的に言えば演芸人、俳優のような存在に当たる。したがって草創期の妓女は売春とは縁遠《えんどお》かった。

こんにち妓女と言えば、主に肉体を売って男性の手から金銭と財物を巻き上げる市伎や私娼ばかりを思い浮かべる。それは唐、宋の時代に始まり、明、清の時代に隆盛をきわめたと伝えられている。

王書奴の『中国娼妓史』によると、中国で正式に娼妓制度が確立したのは紀元前六八五年頃、すなわち周の荘《そう》王一九年だという。淫乱な風紀を正して淳風美俗《じゆんぷうびぞく》を守るという目的からであった。最初の娼妓は巫女《みこ》であり、殷、商《しよう》の国には巫娼が存在した。そのときの妓女は「官妓《かんぎ》」と呼ばれた。

中国娼妓の発達に関する文献に表われた官妓は、斉の桓《かん》公の時代にまで遡る。『韓非子《かんぴし》』には当時、管仲《かんちゆう》の企画で「女閭《によりよ》」を設けたという記録がある。閭《りよ》とは門という意味で、当時貴族が泊まったところだ。言い換えれば、女閭とは女が居住するところ、すなわち妓院を意味する。「その昔、斉の桓公が覇王となった頃、彼は朝廷の内治の仕事を鮑叔《ほうしゆく》に一任し、外交の仕事は管仲に任せてから、結った髪をほどいたまま、婦人のために馬を御《ぎよ》し、毎日市場を遊び回っていた」と書かれた古代の文献がある。

官妓はそののち春秋戦国時代、漢、唐、宋を経て綿々と発達して、唐、明に至ってはその繁盛ぶりは極へと達した。

唐の玄宗《げんそう》元年以後は、長安《ちようあん》と洛陽《らくよう》に内教坊《ないきようぼう》なるものが設置され、専門歌妓を養成した。内教坊は歌謡、楽器、舞踊、雑芸を習得するところで、またいっぽう貴牙院《きがいん》では性愛のテクニックを教えた。歌妓たちは宴会の席で世話をして、歌舞と音楽を主に生業としたが、ときには客の枕元にも仕えた。

妓女にはさまざまな形態があり、官妓、営妓、家妓、私妓、宮妓などに分かれた。官妓は地方官庁で催されるさまざまな宴席で歌舞や音楽を提供し、一般的に売春はしなかった。営妓も官妓の一種で、軍営に設置された妓女である。軍妓とも呼ばれた営妓は現代式に言えば、さしずめ従軍慰安婦だろうか。

家妓は家庭で養成した妓女であり、漢の時代に発達して南北朝の時代に隆盛をきわめた。彼女たちは幼いときから厳格な訓練を受けて、豊富な文化的素養と秀でた歌舞芸術の修養を積んだという。奴婢でも妾でもない彼女らは宴会で楽器を演奏し、歌舞によって娯楽を提供する自家用歌妓であった。

貴族や王族は歌妓を十数名も囲っていたが、その規模は膨大で華麗であった。李原《りげん》は洛陽の別荘に妓女一〇〇名をおいたというが、その豪華さは当時ナンバーワンの名声が鳴り響いていた。文豪・白居易《はくきょい》が樊素《はんそ》、小蛮《しょうまん》のような美人歌妓を囲ったことは世人によく知られている事実だ。

私妓とは私的に肉体を売る女性のことで、一般的な意味での売春婦だ。宮妓とは宮殿だけで歌舞を提供する妓女であり、皇帝のために準備された官妓の一種だと言える。

妓女、とりわけ中国の妓女は好色文化が花咲く美しい一房の花びらである。美貌と才能を一身に備えた高級妓女たちは、上流社会、特に文人階層と不可分の関係の中で妓女文学という華麗な花を咲かせた。

朝鮮半島でも黄真伊《ファン・ジニ》、李梅窓《イ・メチャン》のような才色兼備の妓生《キーセン》たちが、韓国女流文学の妓《ぎ》流文学を美しく花咲かせたということは周知の事実ではないか。

西洋とは異なり東洋では、文人と妓女は「才子佳人《さいしかじん》」という言葉とともに親密な交際の中であまたの風流話を残した。中国歴代の有名な学者、詩人である蘇東坡《そとうば》、杜牧《とぼく》、白居易、秦少游《ちんしょうゆう》、唐伯虎《とうはくこ》などの大物連中はみな「青楼《せいろう》（妓院）」のお得意さんであった。その中には妓女を妾として囲った人士もいた。近代の大学者である胡適《こてき》、辜鴻銘《ここうめい》などの大物たちも妓女の部屋に通っていた。林語堂《りんごどう》は妓女を高く評価した文人として名が通っている。

近代に至るまで、高官や文士たちが妓女と宴席を楽しんで吟風弄月《ぎんぷうろうげつ》に興じるのは日常茶飯事であった。特に唐・宋以来、明・清時代に至って、南京《なんきん》の秦淮河《しんわいが》は中国文士と妓女たちが交わり、風流艶事を楽しんだところとして有名である。

秦淮河には孔子の墓があるが、その近くがまさに科挙の試験が行なわれたところだったので、壮元（首席）で合格することを夢見る全国の書生たちが雲集した。そうして合格すればお祝いをするために、落第すれば慰めるために、青楼で酒宴を催した。彼らは秦淮河に浮かべた舟の上で円《まる》い月を眺めながら、美貌と文才に秀でた妓女たちの歌声、詩を吟ずる声に夜が更けるのも忘れて酔いしれたという。

類《たぐい》まれなる美しさと才能を兼備した妓女の中から数多くの女流文人が輩出した。有名な詩人、文芸家、芸術家として薛濤《せっとう》、魚玄機《ぎょげんき》、嚴蘂《げんしん》、天然秀《てんねんしゅう》、陳圓圓《ちんえんえん》、柳如是《りゅうじょぜ》、董小宛《どうしょうえん》、蘇小小《そしょうしょう》などを挙げることができる。

世界文化史的にも、中国の青楼文学はすこぶる独特でありながらも、壮大な規模を誇りつつ大きな寄与をしてきたと言っても過言ではない。彼女らが成し遂げた業績は、中国文化史上に燦然《さんぜん》と輝く重要な部分を占めているからだ。

林語堂の言葉を借りると「妓女は事実上、中国音楽の伝統を継承した。妓女がいなければ、中国に音楽はすでに消え去っていたはず」である。音楽ばかりでなく詩画と歌舞の分野においても、妓女のおおいなる貢献が認められている。

いまでもそうだが、金持ちや成金たちに対する妓女と娼妓のサービスには主として性的サービスが多かった。たいてい、にわか成金になって財布に余裕が生じた富裕層は文化水準が低く、行為が粗暴であったから、ありあまる金があっても青楼高級妓女の歓心を買うことはできなかった。このような事実は青楼文学にも反映されている。文学的素養があり、精神世界が豊かな文士たちは妓女との交際が可能であり、その交際は肉体的接触よりも知性的な友情と風流に富んでいた。肉欲を満足させるための性的交渉はさほど重要なことではなかった。上流社会の男には合法的な妻妾がたくさんいたし、代を継ぐための「代理母」という存在もあったからだ。

しかし妻妾は婚姻の相手ではあっても、恋愛の対象ではなかった。恋愛よりは性的交渉と代を継ぐことが優先されていたのだ。真の恋愛ができる、心を許しあえる愛人はやはり妓女であった。肉体よりも才能に溢れた彼女たちと精神的恋愛を満喫することができたのだ。

歴代の文人たちは、妓女との深い関係の中で風流を楽しみ名文を生み出しながら、妓女への賛辞を惜しまなかった。とりわけ貞節を守る名妓に対する称賛を見れば、妓女に対する愛着心と慈しむ心がうかがえる。

そのせいだろうか、妓女の碑文には文人の大家が書き記した例がすこぶる多いようだ。明の末期の李香君《りこうくん》、柳如是《りゅうじょぜ》のような名妓たちの愛国心に対する讃美や、清の時代の八国連合軍統帥ワドゥシタと情を分かち合い、これを利用して数多くの人々の命を救い出した賽金花《さいきんか》の行動に対する讃歌を見ればよくわかるはずだ。

昔々ペルシア人がギリシアを侵略したとき、ギリシアの妓女たちが敵軍であるペルシア軍を歓待しては歓心を買って、都市を守ったというエピソードがある。中国の妓女たちもそのような愛国心を貞操よりも大切にしたのである。

林語堂は李香君のことを「彼女の政治的節操は、あまたの男性革命家よりも堅固であった」と評価し、感慨無量となった。

妓女がこんにちに至るまで、世界的にはもちろんのこと中国で陰に陽に存在することは、性的サービス以外にもこのような特殊な功績と社会的裏面があったためだ。

そのような意味において、妓女は中国の好色文化が生んだ奇異な花だと言えるだろう。

男色と男娼

男色と言えば、思い浮かぶ韓国人は高麗《こうらい》の恭愍《コンミン》王である。性倒錯、つまり変態性欲で有名な恭愍王はとりわけ男色を好んだ。『高麗史』列伝三七巻を見れば、恭愍王が金興慶《キム・フンギョン》を迂達赤《ウダルチ》（軍官）に登用して、龍陽（男色を意味する）を強要したという記録がある。恭愍王は男色のパートナーを呼び寄せては一時《いっとき》たりとも傍を離れさせずに、何カ月もの間、枕溺したという。そのうえ恭愍王自身が女役となって、満足するまで一晩の間に青年を数十名も交代させたというから、いったい恭愍王はいかなる性格の持ち主であったのか理解しがたい。

日本にも男色に関する記録があまた残っているというから、古今東西を問わず男色は常に存在していたようだ。

中国では男色を「男寵《だんちょう》」「頑童《がんどう》」「恋童《こいどう》」と呼んだ。清の儒学者・紀暁嵐《きぎょうらん》が著した『閲《えつ》微草堂筆記《びそうどうひつき》』を見ると、古代中国人の男色は漢族の始祖である黄《こう》帝より始まったという。

同性愛の歴史は、人類の歴史と同じくはるかに悠久である。

春秋時代の衛《えい》の国の霊《れい》公は男色に溺《おぼ》れた好色家だった。『韓非子《かんぴし》・説難篇《ぜいなんへん》』によると、すこぶる容姿の秀でた弥子瑕《びしか》を愛してやまなかったという。ある日、子瑕が桃を半分食べて残った部分を霊公の口に入れた。霊公はその桃を美味しそうに一気に飲み込んだあと、部下たちに自慢した。

「子瑕はわが輩にこれほどまでに惚れておるぞ！　こんなに美味しい桃を半分もくれるんじゃから」

同性愛を意味する「余桃断袖《よとうだんしゅう》」の「余桃」とは、まさしくこのエピソードからきている。

漢の時代の文《ぶん》帝と鄧通《とうつう》の話はあまりに有名だ。鄧通は庶民出身の船頭だったが、文帝の夢によって人生が大きく変わってしまった。ある日、文帝が夢を見た。自分が天に上ろうといくらもがいても、どうにもならず焦っているとき、ひとりの少年が後から押してくれたおかげで天に上ることができた。文帝が振り返ると、その少年はみすぼらしい身なりの船頭であった。

夢から覚めた文帝は宮中の庭園の池のほとりを散歩していた。そうして鄧通を見かけて、ふと昨夜見た夢を思い出し、部下に船頭を呼び寄せさせた。

「汝《なんじ》の名は？」

「鄧通でございます」

文帝は喜色満面でこう言った。

「鄧通とやら、登天《とうてん》に通じる実によい名じゃな！」

そうして、そのときから鄧通を傍《かたわ》らにおいて一時も離れさせなかった。

天子に対して実の親のように甲斐甲斐しく仕える鄧通の孝行ももちろんだが、女のように美しい容姿と柔らかい身のこなしで、鄧通は文帝の寵愛を一身に受けることとなった。

文帝の体に腫《は》れ物ができて膿《うみ》がだらだらと吹き出てきて、ひどい悪臭を放ったことがあったという。しかし鄧通は嫌な顔ひとつせずに、いつも口で膿を吸ってあげた。

ある日、文帝が鄧通に尋ねた。

「この世の中で、誰が一番わが輩を愛してくれているだろうか?」

機転の利《き》く鄧通は「それは言うまでもなく、太子《たいし》でいらっしゃいます」と答えた。そのときちょうど太子が扉を開けて入ってきた。文帝が太子に向かって膿を口で吸ってくれと言うと、太子はそんな汚いことはできないと強く拒《こば》んだ。鄧通の愛に感動した文帝は、莫大な財産と官職を鄧通に与えたという。

このように同性愛に利用された男色の奉仕者がいるかと思えば、妓女のように異性に性的サービスを提供した男色も少なくはなかった。このような男娼のことを中国では「面《めん》首《しゅ》」と称した。面は容貌を、首は髪の毛を意味する。面首とはすなわち、容貌と髪の毛が美しい美男子という意味であり、男娼の代名詞へと落ちぶれたのだ。面首のことをまた男娼とも呼んだ。

面首は美男子が大部分であり、精力も人一倍ある色道の達人であったと伝えられている。秦《しん》の始皇帝の実母・趙姫《ちょうき》には嫪毒《ろうあい》という男娼がいたが、巨大な男根と天地を揺るがすテクニックで趙姫の寵愛を一身に受けた。

彼は朝廷の百官を軽蔑して、「わが輩は天下の秦王の父だぞ！」とぬけぬけと威張り散らしたという。結局、天下一のおちんちんをぶらさげた彼は、五馬分屍《ごばぶんし》の極刑でグロテスクな一生を締め括《くく》った。

則天武后《そくてんぶこう》（武則天《ぶそくてん》）が自らのセックスのために奉仕する三〇〇〇名の男妾を囲ったという話は、好色文化の一ページとして中国の歴史に永遠に刻まれている。

清の時代に男色・男娼がもっとも隆盛であったという記録がある。特に北京の男娼は全国的に有名であった。近代になって男娼・男色のことを「像姑《シャンクー》」と呼んだが、その理由は男が女のような格好をしているためだ。

像姑たちがいるところを「下処《シャーツウ》」と言い、そこの主人を「老板《ラオバン》」と呼んだ。いまでも中国では会社の社長や食堂の主人、酒場の経営者を老板と言う。老板はたいてい演芸界出身（中国では梨園《りえん》出身という）の男で、幼い少年を買い取って歌舞や京劇の唱法を教え込んだ。宴席を催すときに、その少年を呼んで一夜をともにする客もいたという。天津《てんしん》の像姑は格調が低く質が悪いのに比べて、北京の像姑は風情と趣があって水準が高いという評価もあった。

近代清朝や中華民国の時代に王侯貴族たちが像姑に耽溺した理由は、後腐《あとくさ》れがないからだという。娼女に下手に手を出すと、妊娠させるなど頭の痛い問題が生じがちだが、像姑はそんな後腐れもなく遊ぶことができるというわけだ。

こんにち中国文化の開放とともに、「若い男娼」や同性愛者たちが陰に陽に活発な動きを見せているが、その根深い由緒は中国古代の好色伝統に探ることができるだろう。

好色と戒色はコインの裏表

好色と戒色《かいしょく》（女色を警戒すること）はコインの裏表である。好色もあまりに過ぎると戒色が台頭するものだ。

朱子学の道学的な禁欲主義思想の支配下にあった韓国人に対しても、極端なほどの戒色が強調されてきた。韓国の戒色第一人者としては、やはり徐花潭《ソ・ファダム》（徐敬徳《ソ・キョントク》）の名を挙げないわけにはいかない。

抜きんでた美貌と才能に絶世の歌人である黄《ファン・》真伊《ジニ》の百計の誘惑と露骨なセックスアピールに対しても、眉毛《まゆげ》ひとつぴくりとも動かさずにはねのけたのが彼である。愚直なまでに性に無関心だった道学君子の戒色行為は、はたして現代の韓国人にどのように映るのだろうか?

そのいっぽうで女色を遠ざけて松島の深山で三十星霜《せいそう》を修道した知足禅師が、黄真伊《ジゾク》の妖艶な奸計にひっかかり好色漢へと落ちぶれてしまったのだから、好色と戒色はやはりコインの裏表であることはまちがいない。

中国の戒色は好色と同様に行き過ぎた面がある。特に宋の時代、程顥《ていこう》、程頤《ていい》兄弟の「理《り》学《がく》」と朱熹《しゅき》が大挙して提唱した「程朱理学」は正統儒教思想の礼を継承発展させ、もののしくいかめしい禁欲主義の「道学《どうがく》」を創設させた。

女性の貞操観念を極限まで高めた「飢えて死ぬことは些細なことだが、貞操を失うことは重大なことだ〈餓死事小、失節事大〉」「天理を生かして人欲を無くさしめる」などの礼教と禁欲主義の思想の中で、「淫乱は万悪の根本だ〈萬悪淫爲首〉」という道学君子たちの独創的な名言まで生まれたほどだった。

ここで言う「淫《いん》」には正常な性交渉以外の姦通《かんつう》や、自由恋愛、妓院の出入りと合法的な夫婦の性生活まで含まれている。夫婦の性生活であっても、場所や時間が若干逸脱した場合には淫となるのであった。

色情と性関係の書籍は淫書、春画や性愛小説挿画は淫画、性愛内容を扱ったシナリオは淫劇と呼ばれた。道学者たちは淫書や淫画、淫劇などを見る人の心を淫心だと叱責して、かかる淫心を抱いてはならぬとおおげさに言いふらした。

淫に対して戒色することを強調した道学者たちは、数多くの文章を書いていて、淫書と淫劇を討伐するいっぽう、淫に耽溺すれば必ず因果応報で淫の報復にあうと主張した。

清の沈起鳳《しんきほう》は『諧鐸《かいたく》』四巻『色戒篇《しきかいへん》』で、ある好色家《こうしょくか》の話を記述している。美しい妻を娶《めと》っても、いつも浮気ばかりしているひとりの好色家がいた。ある日、旅行の途中に類《たぐい》まれな美貌の女に会った。春情をもよおした好色家に、黄色い道袍《ドウポウ》（男子の礼服）を着た男がまた美人を連れてきて、彼にあてがった。「雲雨の情」を交わし、一夜をともにした彼が夜中に起きて隣の部屋をのぞくと、その黄色い道袍の男が何と自分の妻と寝ているではないか！　それ以来、好色家は「他人の妻に溺れて、自分の妻を奪われた」という事実を悟り、好色を禁じ道学の君子へと変貌したという。

やはり清の時代の顧公燮《ここうしょう》が著した『丹午筆記《たんごひっき》』に、黄石斉《こうせきさい》の戒色の話が出てくる。黄石斉という王侯は、徳行を修め、礼に明るく、王侯貴族の誰からも尊敬されていた。ただひとつ残念なのはあまりにも、くそまじめで女色を忌避するということであった。

それであまたの王侯たちが苦心の末、知恵を絞って黄石斉を試してみることにした。当時、高氏《こう》という傾国の美女とまで言われる妓女がいたのだが、王侯たちは宴席をもうけて美貌と才能に溢れた彼女を黄石斉にかしずかせた。

彼女はありとあらゆる妖艶と秋波で黄石斉を誘惑したが、彼はぴくりともなびかなかった。それで酒をしきりに勧めてしこたま酔わせてから、寝室へと抱えて行って横たわらせた。黄石斉の衣服を脱がせてから、自らも脱いだ彼女がその美しい姿態で挑発したものの、彼は「いくらがんばっても無理じゃよ」と一言いって、すぐにいびきをかき始めた。

結局、彼を試そうとした王侯貴族たちは彼の戒色ぶりに驚き、「神仙《しんせん》（仙人）がこの地に舞い降りたのではないか！」と異口同音に呆れ返ったという。黄石斉の話はまさしく徐花潭と黄真伊のエピソードを彷彿とさせる。

明・清の時代には道教が盛んであったが、その中の戒色の項目を見れば、どれほど禁欲主義がひどかったかが一目瞭然である。『十戒功過格《じっかいこうかかく》』にはこのような題目がある。

婦女子の容貌が美しいと談論すれば一過《いっか》。

美女に会ったとき、見つめたり振り返ると一過。

無為《むい》に淫乱なことを考えると一過。

淫蕩な夢を見れば一過。

淫蕩な夢を見たあと、自責することなく回想すれば五過。

故意に女の手を握ったり、心中に情欲を抱けば十過。


聖書の十戒よりもさらに厳重な十戒である。このような戒色風潮の中で、戒色に修身し徹底的に自己を守ってきた君子は少なくなかった。有名な曾国藩《そうこくはん》も徹底した道学者として遜色なかった。彼は日記に次のような反省の心境を綴ったことがあった。


道光二十一年十一月一日。

わたしは田敬堂《でんけいどう》の家で一日を過ごした。その家の上の階にいる身内の女を幾度か注視したのだが、たいへん無礼なことをした。


道光二十一年十一月二日。

母親の誕生日、長寿麵《めん》を用意しなかったのは費用を節約するためだ。しかし妻が衣服を一着買おうと言ったとき、快く承諾した。軽重もわからず正誤をあべこべにしたのだから、たいへんな過失である！　ここに記して肝《きも》に銘じておく。

友人の家に客として招待され、その家にいる身内の女を何度か目に留めただけのことを、無礼だと自責することのいったいどこが無礼だろうか？　費用を節約しようと母の長寿麺を準備しないことと、必要ゆえに妻の衣服を一着買うことを承諾したことを比較して自責するのだから、心情は理解できるが、行き過ぎた戒色はおぞましいばかりだ。

宋の時代、道学君子の登場で好色文化の裏面には戒色ブームが強く吹き荒れた。その影響は清を経て、近代の中華民国をも通り越し、毛沢東時代に至って極に達したのだが、その話は別の章に回そう。やはり戒色の話よりも好色の話のほうがおもしろいはずだから。

悲しき烈女《れつじょ》碑

わたしの幼いころ、中国で経験した話だ。

近隣の王家屯《ワンジャトン》村で九〇歳の老婆が亡くなり、村のトップニュースとしてもちきりの話題となった。そのお婆さんはわたしも一度見かけたことはあったが、纏足をした二本足でアヒルのようによちよちと苦労して歩く姿がひどく滑稽に見えた。彼女の死が大ニュースとなったのは長寿であったこともあるが、二〇歳で未亡人になってから何と七〇年間、節義と高尚な貞節を死ぬまで守り通したからであった。

一六歳で嫁入りをしたわたしの祖母も三六歳という若さで夫（わたしの祖父）に先立たれてから、ずっと独り身で貞節を守って八十余年の生涯を閉じた。離婚と不倫を日常茶飯事のようにしている現代女性の姿を見ると、昔のわたしの祖母の貞節ぶりにはなぜか同情とともに悲しい思いを禁じえない。

女性が守らねばならない伝統的な道徳の中でも、貞操こそが儒教が強要した第一の徳目である。『史記《しき》』にも登場する「忠臣は二人の君子に仕えず、貞女は二人の夫に仕えず〈忠臣不事二君、貞女不更二夫〉」という信条は二〇〇〇年にわたり中国の女性の首を締め上げてきた。最初に貞節を提起して強要した張本人は、ほかでもない全国を統一した秦の始皇帝であった。彼は全国を巡回して、石碑を建て、岩に功績を刻んだが、そこで女性の貞節について数多く言及している。

「寡婦に子どもがいても、再婚をしたら貞節は守れない〈有子而嫁、倍死不貞〉」

天子が国土統一の偉業を成し遂げて、そのまま貞節を国家の大義として掲げるということは、当時の性風俗が紊乱《びんらん》して男女関係の淫風が全国を風靡《ふうび》していたからであった。

宋の偽善的理学が支配的な座を占めるようになってからは、明・清を経て近代に至るまで、貞節観念が上流階級はもちろん民衆の間にも深く根を下ろすようになった。

古代文献を拡げてみると、夥《おびただ》しい数の節婦烈女《せつぷれつじょ》たちの名前と逸話が登場する。明の『寓園雑記《ぐうえんざつき》』を著した王錡《おうき》の家では六人の節婦が暮らしていたという。その六人はみな二〇歳あまりの若さで寡婦になり死ぬまで貞節を守ったのだが、彼女たちは数十年間親戚以外の男と会うことを避けたばかりでなく、家の外へすら出たことがなかった。

明の進士《しんし》・張永寧《ちょうえいねい》は年老いて死んで、若い愛妾二人を残したのだが、彼女たちは再婚せずに密閉された家屋に閉じこもって暮らした。その家屋には外から食事を入れられる小さな穴だけが開いていた。

いまでも中国の地方に行けば、貞節碑坊がそびえ立っている姿を見ることができる。黙って立っている貞節碑坊をじっと見つめれば、貞節を守り通した恨み多き寡婦たちの嘆き声が聞こえてくるかのようだ。

しかし、さまざまな苦痛と受難と肉体的痛みを耐え抜いてでも、貞操を命よりも重んじた貞節碑、烈女碑の裏面には再婚、姦通、不倫の真実がベールに包まれていることを忘れてはならない。貞節と不貞もコインの裏表であり、中国文化史の中で常に背中合わせである。清の時代の銭泳曾《せんえいかい》は「宋朝以前には女が再婚するのがあたりまえのことだったが、宋代以降は恥辱へと転落してしまった」と指摘した。

先にも述べたが、宋以前の人々はたとえ貞節観念はあったとしても守節派は少数にすぎず、夫が死んだあと再婚する女性はむしろ多かったという学者たちの研究結果がある。離婚と再婚が日常茶飯事の状況で、これはむしろ礼儀として扱われ、べつに糾弾されるようなことではなかった。王朝の皇后たちの再婚風潮を見れば、このことは納得がいく。漢《かん》・文《ぶん》帝の母の薄《はく》太后や漢・景《けい》帝の王《おう》皇后が再婚したのは有名で、晋《しん》・恵《けい》帝の皇后梁《りょう》氏は再婚して楚《そ》の国の王へと嫁いだ。五代の周《しゅう》・太祖《たいそ》は四度も妻を迎えたが、すべて再婚の女性だった。

漢・唐の時代、宮中の姫たちが再婚した話は、中国の歴史上でもきわめて有名な「婚姻革命」だといえる。唐の初期と中期の九八名の宮女のうち二七名が再婚したのだが、そのうち四名は再々婚までした。

劉邦《りゅうほう》の右腕であった漢の国の丞相《じょうしょう》・陳平《ちんぺい》の夫人は、陳平と結婚する前にすでに五度も結婚していたから、陳平は彼女の六番目の夫に当たるわけだ。

ここからもわかるように宋朝以前には、男はもちろんのこと女も非常に開放的であったようだ。離婚したり夫が亡くなると、女は躊躇《ちゅうちょ》することなく再婚をして、男もやはりそのような女をためらいもなく迎え入れたのだから、処女性を糾《ただ》すこんにちの男たちよりも性開放面では先進的だったと言えるのではないだろうか？

宋の厳格な性理学によって、飢え死にするよりも貞操を失うことのほうがさらに大問題だという偽善的な倫理が牛耳っている世界でも、女たちは自らのすべきことには最善を尽くしたという。離婚や再婚の風俗はそのような渦中でも途切れることはなかった。

南宋時代の宰相・賈似道《かじどう》の母は三度も再婚をし、有名な詩人李清照《りせいしょう》も再婚をした。性理学の創始者のひとりである道学者・程頤《ていい》の甥や甥の妻も躊躇することなく再婚したというから、偽善者に対するまたとない風刺であり挑戦ではないだろうか。

再婚は元《げん》の時代に至ってやっと羞恥《しゅうち》と見なされ、少なくなった。しかし人間社会には常に表があれば裏もあり、建前があれば本音もあるものだ。清の時代にも苛酷な婦女貞節政策のもと、あまたの貞女と烈女がいて、貞節碑と烈女碑が全国津々浦々に建てられたが、庶民たちの再婚は日常茶飯事であった。守節の名誉よりもちゃんと食べて生きていくことのほうがより重要だったからだ。

今も昔も基本的な衣食住の問題が解決されない限り、貞節や守節などというものは絵に描いた餅にすぎない。

儒教の支配がもっとも苛烈であった韓国の李《り》氏朝鮮時代において「七去之悪（儒教で妻を離婚できるための七つの条件）」という謹厳な儒教の信条が厳然と幅を利かせている中でも、離婚と再婚はけっして少なくはなかった。『朝鮮王朝実録《おうちょうじつろく》』にも、離婚して再婚した女性が登場する。太宗《たいそう》五年十一月九日の睦氏のケースを見てみよう。

「姜居信《カン・コシン》が亡くなると、彼の妻である睦氏は夫の三回忌の前に、金万寿《キム・マンスウ》と再婚したのだが、実は彼女の兄である睦仁海《モク・イネ》が仲介したのである。これは人倫を破壊し惑わすものであるから、皆に重罪を下してください」

王は睦氏を処罰するかわりに、金万寿と離婚させ故郷に帰すことで決着をつけたという。いまでも中国や韓国の田舎の村を歩けば、烈女と節婦を讃えて建てられた節婦碑、烈女碑などが数多く残っているのを見かける。もし烈女碑に人間のような目と感情があったとしたら、再婚と離婚がとどまることを知らない最近の世情を見て、悲しみの涙を流すはずだ。

封建儒教の礼教に徹底的に利用された女性の象徴である烈女碑、それはあまりに辛く、あまりに悲しく、そしてあまりにも悲惨である。

男は才能、女は美貌

「中国の娘たちは誰もがピンクのスカートを穿いて花嫁の輿《こし》に乗る日を夢見て、西洋の娘たちは誰もがウェディングドレスと結婚式の鐘の音《ね》に憧れる」

結婚を渇望するあらゆる青春男女の心と、婚姻という人間の変わることのない営みを表わした林語堂の言葉だ。恋愛と婚姻が人生のもっとも美しい男女の愛を意味するならば、男女カップルのパターンを通して中国人の恋愛観、婚姻観を探り性文化を理解することは、意味のある興味深い発見があるはずだ。

中国の伝統的な男女カップルのパターンは「門当戸対《もんとうこつい》」と「郎才女貌《ろうさいじょぼう》」である。門当戸対とは、家門が対等な家どうしで結婚するという等級制度の所産であり、郎才女貌とは、男は才能があり女は美しくあらねばならないという基準をいう。

古代中国では婚姻は二つの家門の結合であり、男女の結合の目的は家族のため祖先に仕え後裔《こうえい》へと継ぐことにあった。家門を輝かせるための婚姻であるから当然、家族と門閥にふさわしい婚姻が強要され、したがって青春男女の婚姻は家門の利益のために犠牲となり、利用されるほかなかった。

しかし時が経《た》つにつれ、門閥よりは「人物が相当するかに重きをおく〈貴人相当〉」婚姻観へとしだいに発展していった。「人物」とは女性の場合美貌を意味し、男性の場合は賢才を意味した。つまり郎才女貌のカップルのパターンである。

文学的には郎才女貌のことを「才子佳人《さいしかじん》」と表現する。韓国人の理想的なカップル像は、やはり春香《チユン・ヒヤン》と李道令《イ・ドリヨン》式の才能に溢れ地位の高い男と、美人で心の優しい女ではないかと思う。その理想像はこんにちまで少しも揺らぐことなく、韓国社会に確固たる地位を占めている。美人で処女でなければ嫁に行くことも難しい実情は、それを端的に物語っているではないか。

唐・宋以後の科挙制度の隆盛につれて、合格した文士たちは名声をほしいままにした。朝廷の官吏、官職への道も開かれているうえに社会の雰囲気も文《ぶん》をあがめ尊んでいたので、若く美しい女性や婚期の娘がいる家では結婚相手として憧れてやまない存在であった。それゆえあらゆる文士たちは一様に花も顔負けの美人を選んで、妻や愛妾として迎えるのが常識となってしまった。

『唐語林《とうごりん》』第二巻に興味深い逸話が記録されている。

唐の時代、絶世の美貌を誇るひとりの若い女がいたが、同時に二人の男がプロポーズをした。その選択を迷った女の家では、二人の男に一〇〇万両を先に持ってきたほうに娘を嫁がせると告げた。ところが奇《く》しくも二人の男は同時に金を持ってきた。いたしかたなく詩の才能を試して婿《むこ》を選ぶことにして、二人の男にそれぞれ詩を一首作らせた。結局、秀才であった李氏が美人を妻に娶《めと》ることができた。

また唐・宋代には「榜《ぼう》下求婿《かきゅうせい》」という興味深い風俗があった。毎年科挙に合格した人間、すなわち進士《しんし》の名簿が皇榜《こうぼう》（掲示板）に発表されると、金持ちの家では進士の青年を婿にしようと先を争ったという。皇榜の下で秀才をめぐってたがいに婿取り合戦に熱を上げるという喜劇が繰り広げられた。

「女子惜才、男子好色」という才子佳人は中国人がもっとも理想的だと考える恋愛パターンとしてあがめ尊ばれていた。才子佳人の小説、戯曲、詩などの文学作品が、明《みん》末期と清《しん》初期には雨後の筍《たけのこ》のように次々と現われて、中国古代愛情小説の華麗なる全盛期を飾っている。男は才能があらねばならず、女は美人でなくてはならないカップル構造が前例のないほど好まれ、中国の青春男女が才子佳人式恋愛をすべく煽《あお》られたのだ。

好色で名声を馳せた清の劇作家・李漁《りぎょ》は一〇部にも及ぶシナリオを執筆したのだが、その中には美人に対する耽溺が興味深く描写されている。代表作『凧《たこ》の誤解〈風箏誤〉』を見てみよう。

このシナリオの中には醜女《しこめ》に驚き美人に驚嘆する場面が幾度となく登場するのだが、それを通して美人がいかに好まれたかが垣間《かいま》見られる。劇中の主人公は二つのカップルだ。一組は郎才女貌の韓琪仲《かんきちゆう》と淑娟《しゆくけん》であり、もう一組は男頼女丑の戚佑先《せきゆうせん》と愛娟《あいけん》である。淑娟と愛娟は腹《はら》違いの姉妹だ。美貌の淑娟に比べて愛娟はひどい醜女で、姉妹は塀を隔《へだ》てて暮らしていた。

戚佑先が文友・韓琪仲を招いて凧の上に詩を書いた。ところが糸が切れて凧が淑娟の庭に落ちた。凧に書かれた詩を見た淑娟は、その横に返答の詩をしたため戚佑先の下人に手渡した。

ところが凧は韓琪仲の手に渡ってしまった。

「これほどすばらしい詩を詠《よ》める女ならば、きっと美人にちがいない」と驚嘆した韓琪仲は、凧を作り戚佑先の名前でまたその上に詩を書いて、わざと糸を切って飛ばしてしまった。ところがその凧が愛娟の家の空き地に落ちたとは誰が知る由《よし》があろうか？

人一倍愛に飢えていた愛娟は、すぐさま乳母を通して戚佑先と密会しようとしたのだが、待っていた韓琪仲は戚佑先へと変装して愛娟の前に現われる。糸が切れた凧の誤解によって皮肉なことに文士・韓琪仲と醜女・愛娟が対面することになる。郎才と醜女がふさわしくないところに喜劇が繰り広げられる。

あかりをつけていない暗い部屋の中で愛娟は迸《ほとばし》る情欲に抗《あらが》えず韓琪仲を抱き寄せる。韓琪仲が突然の無理強いに慌てていると、愛娟の乳母があかりをつける。明るくなった部屋で露《あらわ》になった愛娟の顔を見て、偽戚佑先の韓琪仲は驚いて顔面蒼白となる。

「ええ！　なんでこんなブスなんだ？」

鼻はぺちゃんこで目はぎょろっと飛び出して、いくら醜女といってもこんな酷《ひど》いのは初めてだ。びっくり仰天した韓琪仲は「助けてくれ！」と慌てふためいて逃げだす。

のちに壮元（科挙の首席）合格した韓琪仲はお見合いで美貌の淑娟と結婚することになる。韓氏はそれまで自分が会ったあの醜女が淑娟だと誤解していた。それで自分の父のような人が仲介したのだから、父の命だと考え結婚はするものの、醜女とはけっして同衾《どうきん》はしないと固く心に誓う。

新婚初夜、韓琪仲は驚きのあまりわが目を疑った。何かのまちがいではないのか？　蠟《ろう》燭《そく》のあかりの中に現われた女ははたして絶世の美女であった。韓琪仲は狂ったように喜んで美人を抱擁する。

　この喜劇は、佳人は才子の伴侶であり、醜女は無頼漢にこそ似つかわしいという当時の考え方を如実に反映している。このような才子佳人・郎才女貌パターンの恋愛観、異性観はこんにちでもあまり変わってはいない。現代の映画、テレビドラマ、文学作品を見ても、すべてがこのようなカップルパターンから脱却していないではないか。

　現実生活においても、このカップルパターンは中国はもちろんのこと日本や韓国でも依然として愛情観を支配している。一九九七年上海のある調査機関が主に大学生を対象にした世論調査の結果を公表した。

　理想的な異性のタイプとして、女子学生は事業能力のある相手、男子学生は美しい容貌を好む傾向が顕著である。男は「知性」「才能」「責任感」があらねばならず、女は「美貌」「教養」「親切」を備えなければならないという結果であった。郎才女貌の伝統的異性観はあいかわらずしっかりと息づいている。ひょっとするとそれがもっとも理想的なカップル構造なのかもしれない。

人肉が精力剤

先にも記した『閲微草堂筆記』には、中国の食人《しょくじん》風俗に関する記述がある。

人肉は市場でおおっぴらに売られたというが、特に西北《せいほく》地方ではきわめて日常的なことであった。朝廷でも食料不足解決の対策として、このような商売を正式に認可した。人肉商人を「蔡人《さいじん》」と呼んだが人間を殺し、その肉を食品にして販売した。なかでももっとも有名な逸話として、道行く旅人と女の話が伝えられている。

ある日、ひとりの旅人がある飯屋に入り座ったところ、台所から悲鳴が聞こえてきた。何事かと思って台所に駆けつけた旅人は、驚きのあまり目を回してしまった。

ひとりの女が裸で俎《まないた》の上に横たわっていて、全身はきれいに洗われており、その傍らで男が大きな刃物を持って、女を殺そうと準備していたのだ。

旅人はびっくり仰天したものの、しばらくしてから気を静めて男に尋ねた。

「いったいその女はどこの誰で、どうして殺すのか？」

女は若くとびきりの美人であった。旅人は彼女を救い出すつもりだった。

「なに、この女の亭主がさんざん借金をしたあげく、返せなくなったもんだから、嫁さんを人肉として売ってやるんだ」

「ならば、わしが倍にして返してやるから女をわしにくれ」

彼は白丁《はくちょう》の手から美人を救い出し、自分の妻にしようとした。しかし女は首を振った。

「誠意はありがたいのですが、そういうわけにはまいりません。すでに夫に身を預けた以上、わたしはあの人の奴僕《ぬぼく》として、こうして命を絶つことに何の恨みがあるでしょうか」

女は命によって貞節を守ったのだ。彼女は男の刃物に進んで殺され、その肉は食品となり市場で売られた。聞いただけでも身の毛がよだつ食人行為だ。

食人といえば南アメリカの原始土着民族やアフリカ食人種たちを連想しがちだが、このように中国でも、古代から現代に至るまで食人風俗が存在したのである。

中国現代文学を開拓した文豪・魯迅《ろじん》は名作『狂人日記《きょうじんにっき》』で、封建社会の伝統的な中国は「人を食う」社会だと声高に批難した。もちろん「人を食う」社会は封建伝統の暗黒に対する批判の象徴語として使われたものだが、ほんとうに人を食う非人道的な悪習までをも殲滅《せんめつ》する武器となった。実際、魯迅がこの小説の執筆動機となったのは、当時、新聞に数回も掲載された食人事件であった。

『三国志《さんごくし》』『水滸伝《すいこでん》』『西遊記《さいゆうき》』のような古典には、人を食う場面がよく登場するのはご承知のとおりだ。それればかりか中国の正史にも、人肉を食用にしたという記録はどの王朝にも必ず出てくる。実例を見てみよう。

唐の則天武后の時代（六九〇～七〇五年）に腐敗した官吏・來俊臣《らいしゆんしん》は、生涯にあまたの人々の恨みを買った。朝廷は彼の死後、その死体を街中に吊《つる》しておいて、民衆が肉を分けて食べられるようにした。あっというまに彼の死体は眼球、内臓が抉《えぐ》りとられ、残った部分は道端に投げ捨てられたという。

在米韓国人の学者・鄭麒來《チョン・ギレ》の研究によると、中国人の食人風俗は飢饉と食料不足にも原因はあるが、風俗的な食人、すなわち忠孝と愛に基づく食人と復讐と憎悪に基づく食人が主要原因だと分析している。そして独特なのは、天下の万物を食材と見なした大食の国らしく、人肉が美食として好まれたばかりでなく強壮剤、精力剤としても活用されたという。

『史記《しき》』によると、易牙《えきが》は自分の息子を殺して斉《せい》の桓《かん》公に捧げたという。美食家の桓公が人肉以外のあらゆる料理を味わい尽くしたからであった。

元《げん》の陶宗儀《とうそうぎ》の著書『輟耕録《てっこうろく》』には人肉に関する品評が著されている。宋の文人・荘綽《そうたく》はさらに具体的に説明している。彼の著書『鶏肋編《けいろくへん》』には和骨爛《わこつらん》、不羨羊《ふせんよう》、饒把火《ぎょうはび》、両脚羊《りょうきゃくよう》など人肉を表わす隠語が登場する。

人肉が治療、強壮、精力増強、薬用として幅広く活用されたことも、やはり漢方の創造者である中国人にとってはきわめてあたりまえのことではないだろうか?

一五七八年に刊行された李時珍《りじちん》の『本草綱目《ほんぞうこうもく》』は、一八九二種の薬剤と八一六〇種の薬剤処方を記述した漢方薬の集大成だ。その内容の中には人体器官で薬用として用いられる三五種を挙げて、どのような病を治療するのに効き目があるのかを記述した部分がある。それによると、髪の毛、骨、肉、肝臓、痰《たん》、人血《じんけつ》などが貴重な薬剤になるという。そして人体の汗、小便、精液、乳、涙、垢《あか》、爪、歯までも薬用として使えると指摘している。

A・H・スミスも一八九四年に著述した『中国人の気質』の中で、中国人が人体を薬用として使うという事実を紹介した。明の後宮にいる有名な宦官たちは、失った男性を取り戻すために幼い少年の脳髄と性器を食用にしたという。

日本人学者の三田村泰助《みたむらたいすけ》の『宦官』という著書を読めば、中国の歴史上姦悪《かんあく》な宦官として悪名高い魏忠賢《ぎちゅうけん》は七名の男の罪人を殺して、その脳髄と性器を食したという。

近代では夫のインポテンツ（陰萎）と性機能障害を治療するために、女たちを死刑場に集めては罪人の血を餅に練り込んで夫たちに食べさせたという。

アメリカにいる中国人作家・鄭儀《ツェン・イー》の著書『食人宴席』は、文化大革命中の中国人の食人を記述した奇書として日本でも話題になった。そこには治療と強壮、性機能増強剤として人肉を食した実例が無数に出てくる。

蒙山《もうざん》県にある小学校の教師は、美人の心臓が男性の病気治療に効《き》き目があるという言葉を信じて、一三、四歳の美人女学生をプロレタリアート独裁の対象として、自ら進んで殺害すべきだと要求した。そしてついには女子学生を殺害してしまったという。

武宣《ふせん》県でも食人が流行した。街頭でデモがあるたびに老婆たちが籠《かご》を抱えてきて、人が死ぬと蜂のようにその死体に群がって奪いあったという。

革命委員会の副主任の王《おう》某は一八歳の女性だったが、女性に特によいとされる男性の性器だけを取って食べた。その報告書が党中央まで提出されたという。

食人を人倫とは無関係に美食と薬用に、そして性機能開発にも活用した中国人。それは中国人が考案した纏足と宦官以上にグロテスクな文化だと言うべきだろうか？　それとも中国式特有のカニバリズムだと言うべきだろうか？

第二章 英雄豪傑、好色の饗宴

燭台で照らして…（明時代の春画）

皇帝の初夜の証拠は、血のついた白い絹

東洋人ならば誰もが「後宮三千人《こうきゅう》」という言葉を知っているはずだ。日本人や韓国人はたいてい李白《りはく》の詩に出てくる「白髪三千丈《はくはつさんぜんじょう》」式の大陸的誇張だと考えがちだが、これは誇張でも何でもない厳然たる事実である。韓国の歴史の教科書にも、百済《くだら》の落花岩《らっかがん》から身を投げる三〇〇〇人の宮女の話が載っているではないか。

中国の皇帝だけが持つ独特な特権があるとすれば、それはあまたの妃嬪《きひん》を挙げることができるだろう。隋《ずい》の煬帝《ようだい》が後宮六万名、唐の玄宗《げんそう》が四万名をおき、そのほか歴代の皇帝たちも数千名から一万名をおいたという。

秦《しん》の始皇帝は全国を統一したのち、その業績を誇示するためにとてつもない規模の阿房《あぼう》宮を建てて数千名の婢妾《ひしょう》を囲った。色狂の漢《かん》の武《ぶ》帝は後宮三〇〇〇名の美女をおき、絶世の美人・王昭君《おうしょうくん》が入宮しても何年も知らずに、西域に結婚しに行くとき初めて気づいたという。残酷な隋の煬帝は晩年に夫人が自殺したあとで、後宮にこれほどの傾国佳人《けいこくかじん》はいないということにやっと気づき慟哭したという。

唐の国を例にとって説明してみよう。

皇后・四夫人・九嬪《ひん》・二七世婦《せいふ》・八一御妻《ぎょさい》
これから推し量ると、皇帝の妻妾だけでも一二〇名になる。このほかに皇帝のさまざまな世話をする宮女、侍女が三〇〇〇～四〇〇〇名にものぼった。

このようにあまたの美女たちが後宮で毎日、皇帝ひとりの熱い息吹を待ち焦がれていたのだから、皇帝の息吹が届かない美女が大半であることは当然だ。

周《しゅう》の時代には後宮の秩序を維持するために、皇帝と同衾《どうきん》する順番をあらかじめ決めていた。当時は、天帝《てんてい》と妃嬪の同衾も陰暦の変化周期に合わせて行なわれた。すなわち月初から十五日までは地位が低い妃妾から、十六日から月末までは逆に地位が高い皇后から、妃妾の順に行なわれた。皇后と四夫人には最優先権を持たせ、九嬪以下には皇帝が一日に九名ずつ相手をしたという。

そうなると、性的な力が強大でなくては皇帝の務めは果たせないと思われる。房事を好むあまりに一〇代や二〇代で夭折《ようせつ》した皇帝も数多くいたから、一夜に九人を相手することはかなり無理があったようだ。

皇帝の一カ月の房事のスケジュールを見てみると、皇后と二夜、四夫人と二夜、九嬪と二夜、二七世婦とは六夜、八一御妻とは一八夜だ。三〇日間一日も欠かすことなく房事をせねばならない身の上だ。

事実、皇帝と同衾の享楽を交わすことができる宮女は極端に制限されていた。皇后、妃嬪、御妻は愛を満喫することができて幸福かもしれないが、数多くの宮女たちは皇帝の息づかいに一度たりとも接すること能《あた》わず、さぞかし孤独であったろう。宮女たちが、宦官や赤の他人の男としばしば密通していたことも当然といえば当然だ。

毎日毎日、同衾の相手を決定することもかなり煩雑なことであった。皇后以下、妃嬪たちに月経が始まったり、突然病気になったりすることもあったが、数そのものが何しろ多かった。そのため「女史《じょし》」という官職をおいて専門的に管理させたのである。

女史は順番に従い妃嬪たちに金、銀、銅の指輪を嵌《は》めて明示し、夜ごとの同衾状態を記録して後日の参考にした。こんにちでも使われる女史という呼称はここに由来している。

月経となった女性には「今日はご遠慮ください」という印として両頰に指で赤い点をつけておいたのだが、それがこんにちでは生理と関係のない化粧方法のひとつへと発展した。韓国の新婦が結婚式で両頰につける紅《べに》もここから始まったのではないだろうか。

さて、それでは清の皇帝の閨房生活を一度のぞいてみよう。宦官を説明した箇所でも紹介したが、まず太監（宦官）がその日が順番の宮女を脱がせて素裸にして、絹の蒲団にく

清時代の離宮・円明園も性的陰陽構図になっている
（清時代の銅版画）

るみ皇帝の玉座までおぶって行く。

そうして外でずっと待っていて、定められた時間になると「時間でございます」と催促する。少し待っても終わる気配がなければ、皇帝の寝室に入って行き、来たときと同様に宮女を絹の蒲団にくるんでおぶって出ていく。皇帝と宮女が長時間いっしょに寝ることを禁止した理由は、皇帝が眠っている間に宮女が皇帝を殺害する可能性があるためだ。しかし房事のまっさいちゅうに中断されたり、うるさく介入されたりするのだから、それがべつだん楽しくもない行為であることは明らかである。

妃嬪の進御《しんぎょ》方式は王朝によって少しずつ異なった。西晋《せいしん》の武《ぶ》帝は羊が引く馬車に乗って後宮を回り、たまたま羊が止まった宮女と同衾した。それで宮女たちは羊が立ち止まるように、羊が大好きな真竹の葉に塩水をまぶして羊馬車が来るのを待ったという。「揷竹灑《そうちくれい》鹽《えん》」の話がまさしくこの事実を表わしている。このような風俗はこんにちでも残っているが、日本の料亭の入口におかれる盛り塩がこれに由来するという。

皇帝と皇后、妃嬪たちが閨房で繰り広げる房事に関する逸話を見れば、興味深い閨房文化の勉強になる。中国最後の皇帝・溥儀《ふぎ》と皇后・婉容《えんよう》に関する閨房聖談を見てみよう。

溥儀と婉容が結婚した日、夜更《ふ》けとなり溥儀と婉容は寝室に入っていった。扉の外では二人の宦官が待機していた。年老いた宦官と幼い宦官は退屈したのか、お喋《しゃべ》りを始めた。

「いまごろ、皇帝は皇后といっしょに子孫餅を召し上がっていらっしゃるじゃろうな」

「何ですって？　子孫餅などというものがあるのですか？」

幼い宦官は言葉の意味がわからずに尋ねた。

「そうじゃ、皇后が召し上がれば子宝を授かるのじゃ」

年老いた宦官は意気揚々と説明した。

「それではあなたも妻を娶《めと》るときには、子孫餅を召し上がるのですか？」

今度は幼い宦官が年老いた宦官をからかった。

「こいつ、利《き》いたふうなことぬかしやがって！」

年老いた宦官は顔を真っ赤にして怒った。

「僕も食べられるんだろうか？　僕も嫁をたくさん欲しいんだけど」

このとき寝室の扉が開いて溥儀皇帝が出てきた。二人の宦官は慌てふためいて地面にひれ伏し言いつけを待った。

しかし皇帝は一言もなく居間に入ってしまった。新婚初夜に淋しく皇后ひとりを残して戻ってしまうとは、いったいどういうことなのだろうか？

翌日、幼い宦官が溥儀皇帝の前に出て、小さな絹の箱をひとつ手渡すようにという皇帝の叔父の命を告げた。皇后の実家に送るためであった。絹の箱とは皇后が嫁ぐときに持参した貴重な品物である。新婚初夜に皇后が流した血が染みついた白い絹を、この箱の中に入れて実家に送らねばならないのだ。もし処女でなければ女を実家に送り返して離婚する満州族の風習には、皇帝も例外ではなかった。

翌日、婉容皇后の侍女から絹の箱を受け取った幼い宦官は、好奇心に堪えきれずその中を開けてのぞいてみた。

「あれ、そのままじゃないか？」

すぐさま皇帝の前に駆けつけた幼い宦官は事情を悟り、機先を制して「わたくしの血を……」と言って、腕をまくり上げガラス片で切ろうとした。

「しばし待て！　わかった。しかし誰かがこれを知ったらどうする？」

しばらくためらっていた皇帝がこう言った。

「わたくし以外に知っている者はいないではありませんか？　まんいち、わたくしが噂を流したりしたら、どうぞこの舌を切り落としてください！」

幼い宦官は腕を切ったあと、絹の箱の中の白い絹を取り出して傷の血を擦《こす》りつけた。溥儀は熱い感激の眼差しで幼い宦官を見つめていた。

「必ず恩は返すぞ」

賢く幼い宦官はこのようにして皇帝のプライドを守り通した。彼はとうに皇帝がインポテンツであることに感づいていたのだ。

酒池肉林の恍惚郷《こうこつ》

「酒池肉林」という言葉こそが中国人の奢侈《しゃし》と豪華、富貴と栄華、好色文化を表現する代表的な四字成句ではないかと思う。酒の池に肉の林、聞いただけでも奢侈の極みに達した恍惚郷の光景が目の前に浮かんでくる。

最高の奢侈を満喫した王を挙げるならば、酒池肉林を創造した夏《か》王朝の桀《けつ》王を外すわけにはいかない。殷《いん》王朝の紂《ちゅう》王とともに、残忍非道で悪徳きわまりない王として双璧をなしている。

ほんらい桀王は知謀と武力を兼備した好男子であり、素手で鉄の棒を曲げ、深い水底に潜っては蛟竜《こうりゅう》とも闘って勝ち、地上では虎を徒手空拳で打ち負かす英雄だと伝えられている。しかし、女の前では底抜けの助平であった。

ある日、有施氏《ゆうし》が和親の目的で金銀財宝とともに妹喜《まつき》という美女を捧げた。妹喜の美しさにすっかり心を奪われてしまった桀王は、世界のあらゆる美女が糞味噌《くそ》に見えるほどであった。そしていまの宮殿は妹喜の美しさにふさわしくないと考えた桀王は、贅《ぜい》を尽くした宮殿を建て、落成式に数千名の美女を呼び寄せ歌舞の宴を催した。そして舞楽一曲が終わるたびに舞姫たちに酒を一杯ずつ振る舞った。

それを見ていた妹喜が口を尖らせて言った。

「大王さま、そんなことをしていては時間ばかりかかってしまいます。池を掘って酒を満たして、その周りに山を築き、林を作って肉を鈴なりにぶら下げておけば、あの娘たちは心ゆくままに掬《すく》って飲んだり取って食べられましょう。それが何よりではありませんか?」

すると桀王は「なるほど、まさにそのとおりじゃ!」と、破顔一笑して喜んだ。すぐさま工事が始まった。船遊びができるほど広大な池を掘り、底には美しい砂を敷いた。そして酒をなみなみと注いで池を満たした。

そればかりではない。掘り上げた土で周囲に山を築き上げ、木を植えて青々とした林を作った。山の上には青い絨毯《じゅうたん》を敷いて奇岩怪石のように肉塊を積み上げ、木々の枝にも肉塊をたわわになった果実のようにぶら下げた。これがまさしく、かの有名な酒池肉林の恍惚郷である。

桀王は妹喜とともに酒池の上に舟を浮かべて遊びに耽《ふけ》った。ある日、妹喜がもうひとつのアイデアを提案した。

「大王さま、おもしろい遊びを思いつきました。あの宮女たちをいっせいに踊らせてから、太鼓を一度叩くと、皆を酒池に飛び込ませ、うつぶせになって酒を飲ませるのです。そしてもう一度太鼓を鳴らすと、今度は肉を取らせて食べさせるという遊びです。わたくしのこの考え、いかがでございましょう?」

「ああ愛しい姫よ。おまえはどうしてそんなにおもしろい遊びをよくも思いつくのか?」

桀王は妹喜の頬にチュッと音を立てて接吻《せっぷん》をし、ただちにその遊びを始めさせた。しかしこの遊びに疲労困憊《こんぱい》した美女たちは酒を飲む気力も失せ、ある女はそのまま酒池で溺死してしまった。ところが妹喜と桀王は、この光景を見て「おもしろい、おもしろい」と大喜びをしたという。

人間の常識からはるかに逸脱した桀王は、贅沢という言葉も顔負けなほどのとてつもない豪奢と好色の世界に耽溺してしまったのだ。好色と欲望の蕩尽《とうじん》は現代流に言えば、残忍な趣味、つまりサディズムにも相通《あい》ずる。舞姫たちが酒池に溺れ死ぬのを見物して笑い転げる桀王と妹喜。

彼らの放蕩と奢侈はこれだけにとどまらなかった。数多くの絹の布地が裂ける音を音楽として鑑賞した人は、悠久の人類の歴史上でも妹喜ただひとりだけではないだろうか。舞姫たちが絹の衣を枝に引っかけて破れる音を聞いて、妹喜は桀王にこう告げた。

「絹の布が裂ける音ほど、気持ちのいい音色がございましょうか?」

すると桀王は髭《ひげ》を撫で回しながら「なるほど、それもそうだなあ!」と言って、民百姓《たみ》に毎日絹布百疋《ひき》を納めさせては、宮女たちにそれを裂くように命じた。妹喜は椅子に腰かけて、安らかにその音色を楽しんだという。

中国には「物極必反《ぶつきよくひつはん》」という言葉があるが、何事も行き過ぎるとかえって痛い目に遭うのが常だという意味だ。国王が非道と奢侈と好色に溺れ、朝廷の政事を放任し、国家経済を浪費と耽溺で率いたとして、はたしてその国が栄えることなどありえようか? 貧困と飢饉の財政難の中でもがき苦しんだ夏の国の民衆たちは、こんな民謡を口ずさんだという。

このお日さまはいつかは沈むだろう。

滅びるときには、わしらもいっしょに滅びよう。

それから数年後、桀王は殷の湯《とう》王の手によって滅ぼされてしまった。桀王と妹喜は「酒池肉林」という言葉を残して、後裔たちに奢侈と放蕩の弊害に関する教訓を与えているのである。

男殺しの美人・夏姫《かき》

孔子が生きていた春秋時代に、鄭《てい》の国の穆《ぼく》公には美貌の娘・夏姫《かき》がいた。そのころ傾国の美女として誉《ほまれ》高かったのは晋《しん》の国の驪《れい》姫と楚《そ》の国の魏《ぎ》夫人であったが、夏姫はこの二人の美貌に加えて、絶妙な性器とセックステクニックまで兼ね備えていたという。

年老いても三度若返り、三度王后となり、七度夫人となり、九度も寡婦となることを繰り返しながら男と情を通じたが、彼女に出会って「痩《や》せ衰えて死ぬ者」が数多かった。しかし、諸侯は先を争って彼女を手中に収めようと大騒ぎであった。

『列女伝《れつじょでん》』に出てくる夏姫に関する一節である。

夏姫は一五歳のときのある夜、夢の中で仙人を自称する男と出会う。彼の強大な力に引っぱられ男の味を覚えた夏姫は、その後、男の生気を吸って自らの精力へと変える「吸《きゅう》精導気術《せいどうきじゅつ》」を習得するに至った。

人間の最大の快楽はセックスにあると悟った夏姫は、まず腹違いの兄である阿蛮《あまん》と交合する。三年と経たないうちに阿蛮は骨と皮だけのげっそりと痩せた体になって死んでしまう。阿蛮の生気をたっぷりと吸い取った彼女は、なおいっそう妖艶となり美しさに磨きをかける。その後、彼女は晋の国の軍司令官である夏御叔《かぎょしゅく》と結婚して、徴舒《ちょうじょ》という息子を産む。精力絶倫であった夏御淑も彼女の相手とはなりえなかったのか、息子を残してひからびた鱈子《たらこ》のようにげっそりと痩せて死んでしまう。

夏姫は徴舒を軍司令官に世襲させるために、夫の領地であった株林《しゅりん》で贅沢な生活を送る。喪に服する三年の間にも、彼女は下女の荷華《かか》とたがいに愛撫しあう。荷華の生気をすっかり吸い尽くした夏姫は処女の生気によって若返ったが、荷華は逆に老け込んでしまう。

徴舒が七歳になった年、晋の国の大夫《たいふ》の孔寧《こうねい》が徴舒を連れて株林の近くで狩りをして遊び、日暮れのころに夏姫の家に立ち寄った。夫を失った寡婦の身で淫乱な夏姫にとって、孔寧は飛んで火に入る夏の虫であった。拳《こぶし》ほどもある孔寧の鼻を見た瞬間、夏姫の春情は激しく刺激された。孔寧もまた、ふだんから夏姫の美貌に関する話を耳にしていたから、絶世の美人の前で淫心が蠢《うごめ》いた。その夜、夏姫は数年の間飢えに飢えていた金茎露《きんけいろ》を無数に飲み干し、孔寧の生気を思うぞんぶん吸い尽くした。

絶世の美人と心ゆくまで楽しんだ孔寧は、夏姫の下着を受け取り同僚の儀行父《ぎこうふ》に自慢した。羨《うらや》ましくてたまらない儀行父は、ただちに荷華と姦通したのち、彼女の案内で夏姫に会ってたがいに情を交《か》わす。秘術を発揮した夏姫の妖しげなリードに、儀行父は狂おしい快楽に溺れ幾度となく噴き出す生気を吐き尽くした。

儀行父と通じた事実を知って嫉妬に燃え狂った孔寧は、儀行父の目の前で晋の王・霊公《れい》に夏姫を紹介する。好色家の霊公は、はじめのうち夏姫を四〇にもなる年増女だろうとたかをくって気にも留めなかったが、体験をまじえた孔寧の言葉に興味を覚えて夏姫と会うことになる。はたして一八歳の処女の生気を備えた美貌には霊公であろうとも惑わされないはずがない。このようにして夏姫は三人の男と交わることとなる。

その夜、霊公の腕に抱かれた夏姫は一五歳のときに夢の中で習った秘術のテクニックを生かして、霊公を息絶えるかのような快楽の境地へと導いていった。

「いま一度抱いてやろうか？」

夏姫の妖艶な魅力に溺れてしまった霊公は、生気を奪われ極度の疲労に体全体が死んだようにぐったりしてしまった。霊公は夏姫に陽気を奪われたことも知らず、明け方眠りから覚めるやいなや、愛の誓いとして夏姫が贈る下着を受け取った。そうして意気揚々と寝室を出た。このようにして、連続三日間も夏姫と性交を繰り広げたのである。

三日後の朝、孔寧、儀行父の二人も夏姫から贈り物を受け取ったことを知った霊公は、驚きはしたもののすぐさま笑いながら言った。

「われわれ三人は共饔共竅《きょうとくきょうきょう》だな。出入りはたとえ違いはあっても、同じ情を分かちあった兄弟のようなものではないか。われわれ三人で一度、株林に行って性宴を催そうではないか」

このようにして夏姫と一女三男のフリーセックスが繰り広げられたのである。

数年後、成人した徴舒が亡き父の跡を継いで軍司令官となる。幼いころから母親の淫乱な行動を憎々しげな目で見てきた彼はクーデターを起こし、母親と共饔共竅に耽《ふけ》っていた淫蕩な国王・霊公の首を絞めてしまった。仰天した孔寧と儀行父は楚《そ》の国へと亡命する。

二人の甘言に誑《たぶら》かされて楚の荘《そう》王は晋の国を侵攻し、夏徴舒を殺して美女・夏姫を生け捕りにする。

絶世の美女にまみえた荘王は喜色満面でこう言った。

「わが輩はこれまで後宮数千名を囲ったが、おまえのようなとびきりの美人は初めてだ。わが後宮で富貴栄華を堪能するがよい」

しかし荘王を諫《いさ》める者が現われた。大夫であった屈巫《くつふ》という男であった。

「陛下、夏姫はもともと縁起のよくない名器を持つ妖女ゆえ、彼女と接した男は皆げっそりと痩せ骨と皮だけになり、ついにはひからびて死んでしまいます。陛下もこのことをお察しのうえ、ぜったい夏姫を受け入れてはなりませぬ」

結局、荘王は年老いた家来の襄老《じょうろう》に夏姫を下賜した。

屈巫は夏姫が素女《そじょ》の秘術を会得したという事実を知って、自分の妻として迎えようと企《くわだ》て、荘王に口をきわめて夏姫の悪口を吹き込んだというわけだった。襄老は半年の間に生気を吸い取られ、ひからびたミイラとなって死んでしまった。夏姫は今度は彼の息子である黒要《こくよう》と姦通して生気を満たした。のちには鄭の国に戻ったが、そのときすでに八年という歳月が流れていた。

こうしてやっと屈巫とめぐりあい結合する。やがて夏姫は屈巫が性の達人である彭祖《ほうそ》仙人の弟子であることを知って狂喜する。しかし、房中術の達人・屈巫も夏姫の秘術に太刀打ちできなかったのか、数年ののちに生気を吸い取られて死んでしまった。

こうして夏姫は男を殺す女の代名詞となってしまったというわけである。

美人コンテストの元祖、隋の煬帝

隋の煬帝《ようだい》は、万里長城とともに中国の二大土木奇跡である南北大運河を作った皇帝として有名だ。韓国人にとって煬帝は、高句麗の乙支文徳《ウルチムンドク》将軍と「薩水大捷《サルスデチヨツ》」を繰り広げた敵国の王としても有名だが、中国では好色漢の気質を発揮して大運河の長大な建設の奇跡を起こしたことで有名だ。

これはいったいどういうことだろうか? こんにちでも中国の南北を結ぶ大動脈の役割を果たしている大運河が、実は煬帝が膨れあがった欲望を満たすために建設したものなのだ。父王の文《ぶん》帝を殺し、兄楊勇《ようゆう》まで殺した彼は三一歳で皇帝の座を奪取して、自らを煬帝と称した。煬とは強烈な炎、金をも溶かす黄炎を意味する。

隋の都は長安《ちようあん》だったが、煬帝は洛陽《らくよう》を東都に定め壮大な離宮を造った。洛陽から長江を下流に行くと揚州《ようしゆう》があった。そこを江都《こうと》と呼んで、ここまで運河を開削した。煬帝は毎冬揚州へ行って過ごしたが、御幸のときには必ずこの運河を利用した。また「龍舟《りゅうしゅう》」という豪華な舟を造り専用船として使ったのだが、龍舟は長さ六〇〇メートル、高さ一四メートルで、一六〇あまりの客室はすべて金や玉で豪華絢爛《けんらん》に飾られていたという。

煬帝はこのような超豪華版龍舟を一〇艘《そう》あまりも造って、すべて自らの好色のために使った。随行する皇后、諸王、姫、後宮の人々、文武百官から使者、導師、僧侶に至るまで身分によってそれぞれ舟を誂《あつら》えた。

『隋煬帝艶史《ずいようだいえんし》』を見ると、当時舟はすべて人力で曳《ひ》かれたという。七色の絹で太い綱を作り龍舟と繋いで人夫たちに曳かせた。ところが、ある臣下が七色の綱は美しくても人夫が曳く姿は見苦しいから、一五、六歳の美少女たちを集めて曳かせるほうが風流だと建議すると、彼には褒美《ほうび》の酒が下賜された。

そうして全国各地から美少女一〇〇名を募集して、「殿脚女《てんきゃくじょ》」と名づけて宮女服を纏《まと》わせ、風がないときには舟を曳かせて、風があるときは帆を張らせ、彼女たちを舟に乗せて煬帝の世話をさせた。

煬帝は四〇〇〇名あまりの宮中の美女にも満足せずに、全国各地から美女を募集する「美人コンテスト」を催したのだが、その過程はこうだ。

煬帝は父の死後、すぐさま父の愛妾であった陳《ちん》夫人を自らの妾妃とした。しかし、愛しい陳夫人は悲嘆のあまり死んでしまう。煬帝が悲しみに暮れていると、皇后が「美人コンテスト」を勧める。

「いくら悲しんだところで、亡くなった人が生き返りましょうか？」

皇后の言葉に、煬帝はため息をついて答えた。

「そなたもわかるだろうが、悲しい気持ちをなだめるすべがなくてな」

「後宮には四〇〇〇名の美人に数百に達する女官がおりますから、陛下がそのうちお気に召した女を選び出されればよろしいではありませんか？」

「それもそうだな。ただちに家来どもに命じて、そうさせることにしよう」

そして後宮の女であれば長幼美醜を問わず、いっせいに宮中に集合させた。宮女たちは、ありとあらゆるけばけばしい化粧と妖艶な身なりで当代最高の権力者である皇帝の目に留まろうと必死で努めた。煬帝は皇后と並んで座って、酒を呑みながら美女をひとりひとり呼んでチェックした。

しかし、美人コンテストは煬帝の気に入った美人を選べないままに幕を閉じた。それで次に全国から、一五歳から二〇歳の美人を選りすぐって宮人として送り込むように宦官たちに命じた。

「美人を探し出した者には褒美を与えるが、探し出せなかった者には罰を下す」

煬帝は宦官たちに固く約束させて送りだした。かくしてあまたの美人を手中に収めた煬帝は、洛陽から揚州までの間に三〇里にひとつずつ離宮を造り、女たちを住まわせた。そして移動するたびに舟の中や離宮の中で美人たちに究極のサービスで奉仕させた。

また煬帝は絵師たちに男女の交わる春画を数十枚も描かせて、後宮と離宮の寝室の四方八方に貼らせた。その後、臣下たちが「烏銅屏《うどうべい》」という高さ五メートル、幅三メートルの巨大な鏡を数十枚贈ったのだが、それを寝室の四方の壁と天井にまで貼らせて、鏡を見ながら雲雨の情を交わしたというから、こんにちの日本のラブホテルの豪華絢爛な光景そのものである。

煬帝は「絵は死んだものだが、鏡は生きた人間の姿を生きいきと映すから、絵の万倍も価値があるな」と感嘆して、臣下たちに一万金を褒美として与えた。

交通の便がよくない長安（現在の西安《せいあん》）が嫌いな煬帝は、洛陽に造った離宮の中にさまざまなカラクリじかけのシステムを考案して作った。

現在の自動ドアのような、人が現われると門が開く「東都《とうと》飛仙《ひせん》」を設置し、秘めごと専用の宮殿や御輿《みこし》にも各種の奇妙な装置を備えさせた。「迷楼《めいろう》」という宮殿は三六間の秘密部屋、七二の隠れ家をはじめとして、数多くの豪華絢爛たる建物をくねくねと曲がりくねった廊下でつないだ壮大な迷路であった。

『隋煬帝艶史』の一節を引用してみよう。

隋の煬帝は家来たちに良家の少女三〇〇〇名を集めさせ、迷楼の部屋に住まわせた。選ばれた三〇〇〇名は乳房がふっくらとして下半身の芳草がちょうど生え始めた美少女ばかりで、煬帝は心の底から満足を感じた。彼女たちに蜻蛉《かげろう》の羽のような薄い絹の衣を纏《まと》わせて、ほっそりとした美しい体を目で楽しんだ。

性を楽しむための装置のうち「任意車《にんいしゃ》」という奇想天外なものがあった。動き始めるとあちこちから金属ベルトが飛び出てきて、女の手足をぎゅうぎゅうに縛ってしまう車だ。煬帝はこの任意車を少女と秘めごとをするときに活用した。やはり『隋煬帝艶史』の描写を見てみよう。

隋・煬帝の任意車《にんいしゃ》

隋の煬帝は寝室に入って衣を脱いで寝床に入る準備をした。月賓《げっぴん》は陛下と同衾せねばならない自身の立場をよくわきまえてはいたが、まだ一三歳の少女であった。

「早く衣を脱げ」

しかし彼女は恥ずかしさのあまり、寝台の傍らでそわそわするばかりであった。煬帝の逸物は怒ったように膨れ上がっていた。幾度か衣を脱げと促《うなが》したが、月賓は「お許しください」と言ってむせび泣くばかりであった。煬帝は任意車を使用した。動き始めるとあちこちから金属ベルトが飛び出てくる車であった。月賓の手足はいつの間にかそのベルトによってぎゅうぎゅうに縛られていた。ともに車に乗った煬帝は「ああ、痛快だ！」と笑うばかりであった。

好色と奢侈で国家の財物を蕩尽《とうじん》した煬帝は、クーデターを起こした臣下たちに捕らえられる危機に瀕《ひん》した。屈辱から逃れるために彼は自殺を選んだのだが、その方法もまた放蕩の限りを尽くした暴君らしいものであった。

「天子には天子としての死に方がある」と言って、白い絹で首を吊ったのである。

天下無双の好色魔、海陵王《かいりょう》

一六世紀ヨーロッパの荒野に激しく吹きすさんだ魔女狩りの狂風はまさに性の狂風であり、世界女性残酷史の一ページとして人類文明史に永遠に残っている。ところが中国でも魔女狩りを連想させる「美女狩り」が繰り広げられたことがある。

その張本人は隋の煬帝のように悪名高い金《きん》の廃帝、海陵王《かいりょう》である。彼の名は完顔亮《かんがんりょう》であったが、従兄弟の熙宗《きそう》を殺して帝位を簒奪《さんだつ》したのち三つの勅令を発表した。

第一、国家の大事はすべてわが輩が支配する。
第二、軍事を率いて宋の国を討伐して（宋の皇帝を）問罪する。
第三、天下絶世の美女を手に入れ、妻とする。

海陵王にとって、美女を抱くことは天下統一の野望に匹敵するほど大きな夢であった。天下の美人であれば、親戚であれ、他人の妻であれ、未亡人であれ、かまうことなく抱いたほど天下無双の好色魔であったという。

正史である『金史《きんし》』や野史を見れば、彼の好色非道ぶりがそのまま記録されている。彼は王位を簒奪した翌日から、平素から目をつけていた未亡人を抱いて楽しんだあと、ただちに貴妃に封じて慈《いつく》しんだ。しかし、気まぐれで新しいものばかり追いかける海陵王は、すぐに年上の未亡人に飽きて遠ざけた。そのかわりに未亡人の一五歳の娘を無理やり姦淫して手中に収めた。

海陵王と娘が同衾したという事実を知った未亡人は娘をきつく叱《しか》ったが、時すでに遅しであった。皇帝の寵愛を実の娘に奪われた未亡人はレズビアンに溺れ、同性愛によって孤独を慰めた。

金の宮妃たちを世話する侍女たちは男の格好をしており、「仮斯児《ジャスオール》」、すなわち贋《にせ》少年と呼ばれたが、未亡人はその中で勝哥《しょうか》という侍女と恋におちた。しかし、同性愛を許さない海陵王は未亡人を死刑に処した。

海陵王の人妻趣味は格別であった。美しい人妻を見れば手当たり次第に宮中に拉致し、姦淫して幽閉させた。まんいち、少しでも抵抗したり目ざわりだったりすると、まるで蠅《はえ》でも叩くかのように殺してしまう残酷な淫豪であった。

海陵王の手に落ちた人妻だけでも数百、数千名になるという。こうした彼の悪趣味は日に日に過激になり、男の顔を見れば妻はどんな女かと気がかりになって、あたかも酒の肴《さかな》のようにひとつひとつ、つまみ食いをするようになった。

たとえばある家来に会えば、ただちに妻を宮中に呼び寄せろと命じる。まもなくその妻が来れば、宮殿の廊下の隅で待っていて、わっと大声をあげて飛び出して有無を言わせず衣服を脱がせる。そうしてその場で馬乗りになり目的を達成して、やっと満足する。まんいち、女が少しでも反抗したり、気に入らない行動を取れば殺してしまった。しかし、絶対権力者である皇帝を誰ひとり諫《いさ》めることはできなかったという。

節度使《せつどし》・烏帯《うだい》の夫人は気品ある美人であった。彼女をもの欲しげな目つきで狙っていた海陵王は、ある日侍女を通じて「もし烏帯を殺してわが輩のもとに来るならば、皇后にしてやろう」と恫喝《どうかつ》した。烏帯の夫人はすぐさま拒絶したものの、海陵王は一族を全滅させてやると脅迫した。

烏夫人はなすすべもなく、夫を酒で酔わせたあと首を絞めた。約束どおり烏夫人は皇后になったが、海陵王はまもなく飽きてしまい、皇后を無視して他の女と遊び惚けるのに余念がなかった。その後、皇后は他の男と通じるところとなったが、それが発覚して悲惨にも処刑されてしまう。

妻の妹を姦淫した海陵王の行為は野史においても有名だ。海陵王の夫人・元妃《げんぴ》の妹は美人だと噂にのぼっていた。彼女が姉のところに遊びに来て宮殿に泊まると、海陵王は彼女に秋波を送った。妻の妹は人妻であり、貞節な女として名高く、彼の誘惑に乗るはずはなかった。

彼女は、好色な海陵王を警戒して衣服を着たままで眠りについた。しかし、虎視眈々《こしたんたん》と隙《すき》を狙っていた海陵王は、夜明けに忍び入り無理やり抱きついた。彼女は必死に拒否したものの、侍女たちに手足を摑まれ、気力が尽きてへとへととなり反抗する力を失ってしまった。

このときとばかりに海陵王が彼女の上に飛び乗った。彼女は目をぎゅっとつぶり両腕を広げたまま、あたかも人形のように無表情な顔をしていた。海陵王はありとあらゆる手段と技術によって彼女の快楽を蘇生させようと努めたものの、まったくなすすべがなかった。自然と興味が失《う》せた海陵王は素っ裸の彼女をそのままにしてその場を去ったという。

彼は妻の妹や養女はもちろんのこと、姪《めい》まで自身のもとに呼び寄せて淫欲を満たした。国中の美女狩りだけでは満足できなかった海陵王は、南宋へと侵略の手を伸ばした。宋には杭州西湖《こうしゆうせいこ》という天下の名勝地があって、劉貴妃《りゆうきひ》という絶世の美女がいるという噂を耳にしたためだ。それらを手に入れようという野心に満ちた海陵王は、一〇〇万の大軍を率いて揚子江の川岸にまでたどり着いた。このときとばかりに悪政に喘《あえ》ぎ苦しんでいた民衆が、反旗を掲げてあちらこちらで立ち上がり反乱を起こしたのだが、その渦中で従兄弟が遼陽《りょうよう》で政変を起こして世宗《せいそう》として即位する。海陵王は揚子江を越えて南宋軍と決戦を繰り広げるが、結局敗北して家来たちの手で殺害されてしまう。

これによって、一世を風靡《ふうび》した金・海陵王の残虐きわまりない美女狩りのシナリオは、幕を閉じたのであった。

三〇〇〇人の男妾を囲った則天武后《そくてんぶこう》

皇后の中で好色の第一人者を選ぶとしたら当然、唐《とう》の武后《ぶこう》すなわち則天《そくてん》武后（武則天）だ。彼女は中国の歴史上皇帝となった、ただひとりの女性である。

『旧唐書《くとうじょ》』で彼女に対する評価を見れば並大抵ではない。

后は官爵を惜しまず、豪傑たちを思いどおりに呼び寄せ自らに仕えさせた。道理のある言葉は採用し、無能な者は即刻追放するなど実務の才能に重きをおいた。品行が多少悪くともたいして問題にはしなかった。人間を洞察し適材適所に人材を登用したが、権力は部下たちに譲歩することはなかった。

まさしく女傑であることに相違ない。比肩するもののない絶倫の精力が、彼女をして国家建設と好色の両面で猪突猛進させたという。美貌、精力、好色、女傑、才能などを兼ね備えた彼女は、世界の歴史上最大の女傑としてまったく遜色ないだろう。

その美貌ゆえに一四歳のとき入宮した彼女は、何年間も出世運に恵まれず傷心に沈む日々を送るばかりであった。そんなある日、彼女の前に太子の李治《りち》が現われた。彼女の美貌に溺れて情を通じた太子は、将来彼女を皇后にすることを約束する。李治の父である唐の太宗《たいそう》が亡くなると、彼女も剃髪《ていはつ》して女僧となった。

父の妾を愛した李治は即位して唐の高宗《こうそう》となると、寺で女僧として無為な歳月を過ごしていた彼女のことが不憫《ふびん》に思えて、再び恋情の炎が燃え上がった。彼女は高宗の胸に顔を埋《うず》め、助けてくださいと懇願した。

高宗の招きによって再び入宮した彼女は、高宗の寵愛を受け夫人へと昇格した。武夫人は高宗に息子を立て続けに産んで授け、さらに歓心を買うに至る。彼女は自分が産んだ娘を絞殺して、その罪を皇后である王氏《おう》になすりつけた。武夫人の姦計にのせられた高宗は

則天武后

王皇后を庶人へと転落させ、武夫人を皇后へと推戴《すいたい》した。かくして、則天武后が誕生する。

武后はつねづね、目の上のたんこぶのように忌み嫌っていた王皇后と淑《しゅく》妃の手足を切って、ぎゅうぎゅうに縛ってから、「骨髄まで溶かすほど蒸せ」と家来たちに命じて、残酷にも殺戮《さつりく》してしまった。則天武后はその才覚を発揮して朝廷を支配し、気に入らない者がいれば、親戚であろうとなかろうとかまうことなく殺したのである。

優柔不断な高宗は彼女を放任し、その美貌に溺れてキビの茎のように痩せ衰えていった。高宗の在位した三四年間は武后が執政したといっても過言ではないほど、彼女は高宗を傀儡《かいらい》に仕立て上げ、唯我独尊を極めたのである。

病弱であった高宗が、膨れ上がった彼女の性欲を満足させられるはずはなかった。天下を一手に握った武后は、性欲を排泄《はいせつ》する相手を必要としていた。洛陽の導師・郭行真《かくぎょうしん》が鬼神退治を理由に宮中に入ってきたが、すこぶる美男であった。彼の男ぶりに惚れ込んだ武后は、彼を男妾にしてしまった。郭導師が宦官たちによって殺害されると、武后は再び明《みん》導師を宮中に招き入れて快楽に耽った。

ところが武后の息子である太子の顕《けん》が、母親と姦通した明導師を殺してしまう事件が起きた。寵愛する男妾を失った武后は激怒して、太子・顕を庶人へと廃し自決を迫った。かくして武后は実の息子を二人とも殺してしまった。

高宗が亡くなった年、武后は六〇歳となった。宮中に四六年間暮らしてきた彼女であった。翌年、自らを武則天に封じ、年号を光宅《こうたく》と改めた。男たちが後宮に美女三〇〇〇名を囲ったのであれば、天下を一手に掌握した彼女が後宮に三〇〇〇名の美男を囲ってはならない法がどこにあろうか？　こう考えた彼女は、国の内外から「妃嬪」を選んで来るように命じた。「妃嬪」とはもちろん男妾であった。

武則天が自ら設置した「控鶴監《くうかくかん》」は、古今東西の絶世の美男三〇〇〇名を囲った御殿であり、ひたすら武后に奉仕するためだけに特設された男ばかりの後宮であった。

林語堂の解釈によると、控鶴監というグロテスクな名前は「麟台《りんだい》（図書館）」と対《つい》になって命名されているという。鶴は道家たちが神仙となって空へと飛んでいくときに乗っていく吉鳥として、極楽の世界に行くことを意味するという。

七〇を超した老婆が、控鶴監の美男少年と交接することで青春を取り戻そうという気持ちはわからないでもない。

武則天がこよなく愛した馮《ひょう》小宝《しょうほう》という男妾は巨根を持った精力家で、いつでも彼女を極楽の境地に誘うことができた。武則天は彼に薛懐義《せっかいぎ》という名前を下賜して、傍《かたわ》らで奉仕をさせた。しかし武則天の寵愛を受け一世を風靡した薛懐義は、彼女の愛情が沈《ちん》氏という医師に傾いていくと、嫉妬のあまり大仏殿に放火して、その罪で袋叩きにあって死んでしまう。

その後、武則天は張昌宗《ちょうしょうそう》、張易之《ちょうえきし》という少年兄弟を男妾として囲った。房中術《ぼうちゅうじゅつ》では、若い男と交接すれば年老いた女も若さがよみがえり長寿になると力説する。房中術の極意を無視すべくもない武則天は、若い男妾を囲って生気を吸い取ったという。

張兄弟は薛懐義のような無頼漢とは異なり、風流を解する男たちであった。二人は常に白粉に口紅を塗って、花を刺繍した華麗な着物を纏っていたので、あたかも美しい女人のように艶やかだった。武后は彼らが粋《いき》に化粧することを好み、綾絹《りょうけん》の織物を贈った。

精力絶倫で、英雄豪傑と比べても遜色のなかった武后の目に、張兄弟は艶やかな美人として映ったはずだ。そして張兄弟と極楽世界を味わった武后は、二人を片時も傍から手離さなかった。彼女は張兄弟と八年もの間ともに暮らしたが、その半分以上の時間を寝台の傍らで過ごしたという。

さきほどの控鶴監もある意味では武后ばかりか、この兄弟二人のために造られたものだという。彼らに控鶴監の管理を任せたのは、そこまで信任が厚かったからだ。富貴栄華を享受した則天武后は不老不死を夢見たが、結局八二の齢《よわい》で波瀾万丈の生涯を閉じたのであった。

絶世の美女、趙《ちょう》氏姉妹

中国の絶世の美人といえば、何といっても楊貴妃《ようきひ》が思い浮かぶはずだ。しかし楊貴妃と双璧をなす美人として、漢の趙飛燕《ちょうひえん》を抜かすことはできないだろう。昔から中国には楊貴妃のようなグラマータイプの美人と、趙飛燕のように秀麗でスリムな美人の二つのタイプがあった。現在の美人の基準から見ると、柳腰《やなぎごし》のすらっとした美人、趙飛燕のほうがさらに脚光を浴びるはずだ。

漢の成《せい》帝の寵愛を受けた趙飛燕には、姉に優《まさ》るとも劣らない傾国の美女、趙合徳《ちょうごうとく》という妹がいた。この姉妹二人を愛した成帝は、のちに妹・合徳が勧める毒薬を飲んで死んだ色魔だと伝えられている。

趙姉妹の性格は正反対だった。奔放な性格の飛燕と、芯は強いが見かけは軟弱そうな合徳。彼女たちの母親は江都の王孫、姑蘇主《しゅうそしゅ》である。淫蕩な姑蘇主は夫が面倒を見ていた楽《がく》士《し》と情を通じて妊娠した体で、王宮に入って双子を産んだ。姉は宜主《ぎしゅ》（飛燕の本名）、妹は合徳と名づけて、実の父である楽士に預け育てた。そして楽士が亡くなると、後宮に入宮することを志願した姉妹を長安へと上京させた。その楽士もなにしろ好色漢で、情欲を刺激させる淫蕩な曲を作って演奏したという。

その父から熱い血を譲り受けた姉妹は、妖艶な美貌と感性で男たちを誘惑した。妖艶な飛燕は宮中に入る前にも近衛隊の若い兵士たちとセックスを楽しんだ。彼女の美貌とスリムな体に魅了された成帝は彼女を入宮させ、のちに皇后を廃位させてから、彼女をその座に就《つ》かせた。飛燕とは、水面を跳ねる燕《つばめ》のようにすらっとした姿態であることからつけられた名前だ。

飛燕は房中術の書から得た技術と、すでに熟達錬磨した性愛テクニックによって、成帝を快楽へと導いた。両目をぎゅっと瞑《つむ》り、拳を握り締めて、露《つゆ》のような涙を流し、全身を戦慄《せんりつ》でぶるぶると震わせて、成帝をすっかり虜《とりこ》にしてしまった。まもなく成帝の寵愛を一身に集めるようになった飛燕は、許《きょ》皇后と愛妃たちを追放して皇后の座に就くと、妹の合徳を宮中に招き入れた。

飛燕の誘惑で成帝は合徳と一夜をともにすることになるが、不可思議な合徳の香りと肉体に魅了されて離れることができなくなった。天鵞絨《ビロード》のようになめらかで柔らかな肌と温かい体温で男の身も心も蕩《とろ》かせる合徳の味を、成帝は温かい故郷になぞらえて「温柔《おんじゅう》郷《きょう》」と名づけた。

「昔、孝武《こうぶ》皇帝（漢の武帝）は神山に憧れて白雲郷を探し求めたが、わが輩はそのような愚かなふるまいはしまい。むしろこの温柔郷にどっぷりと浸《つ》かって余生を送りたい」

合徳の肉体に魅了された成帝が残した有名な言葉だ。

いっぽう、飛燕の淫乱な性格は皇后になったのちにも変わることはなかった。そのうえ成帝の後継ぎを授かることができず、息子を産むためのありとあらゆる方法として権力と性欲をオーバーラップするまでに至った。

本質的に放蕩だった彼女は、自分が住んでいる遠条館の下人や世話をする男のうち、精力が強そうな者や子どもがたくさんいる者を次から次へと寝室に連れ込んでは乱交を繰り広げた。その理由のひとつは成帝の後継ぎを産むためであり、もうひとつは成帝ひとりでは自らの淫乱な性欲を満足させることができなかったためである。この噂が成帝の耳に入ると、合徳は姉をかばった。

「姉は気が短い性格なので、多くの人々の憎しみを買っただけです。いくら噂が広まっているからといっても、陛下がみだりに信じてはなりません」

合徳の言葉を固く信じた成帝は、飛燕の淫行を密告した者をみな即刻、殺してしまった。その後、あえて飛燕の是非を問う者は誰ひとりとしていなくなったという。

そうして飛燕の淫行はしだいにエスカレートしていった。現代風に表現すれば、遠条館は文字どおり「色情館」となり、皇后の寝室は乱交パーティーが開かれる「フリーセックスの館」になってしまったわけだ。

飛燕には燕赤鳳《えんせきほう》という男妾がいたが、壮健な肉体と絶倫の精力の持ち主として常に飛燕に悦びを与えた。飛燕の寝室には、カンボジアから贈られてきた「万年蛤」という夜光の玉があって常に満月のように光り輝いていた。成帝はこのセクシーなムードが漂う寝室で飛燕の妖艶な美しさに魅了され、彼女を皇后に封じたと言われるほどだった。

飛燕と合徳は、愛人までもたがいに分かちあって楽しむほど仲のよい姉妹だった。飛燕は燕赤鳳を合徳に紹介してやり、合徳は赤鳳ともめくるめく快楽に溺れた。そればかりではない。趙姉妹は、赤鳳とともに夜が更けるまで一男二女のフリーセックスを楽しむということまでもした。しかし、あいかわらず子宝には恵まれなかった姉妹は、常に強壮剤を服用したという。

「楊貴妃は死んで靴下を残し、飛燕は死んで薬を残した」という言葉があるほど、飛燕は媚薬をたくさん飲んだ。あまりに大量の媚薬を飲んだために子宝に恵まれなかったという。飛燕はほかの宮女が成帝の子を身ごもれば、嫉妬《しっと》心で必ず流産をさせてしまった。

いっぽう、趙姉妹と淫蕩なセックスを楽しんでいた成帝には、風呂場で誰にも見せない合徳のグラマーな姿態を隠れてのぞき見する趣味があった。しばらくして成帝は虚弱となり、精力が減退し始めた。漢方の秘薬をはじめとして、あれやこれやと治療してはみたものの、さっぱり効き目はなかった。それよりもむしろ合徳のかわいらしい纏足を見ると、性的興奮を感じて精力が蘇った。合徳の肉体を温柔郷だと称《たた》えたのも無理からぬことであった。

成帝が合徳の美貌にすっかり溺れているとき、彼の愛を取り戻すために飛燕が、高さ四～五メートルの舞台の上で「帰風送還」の曲を歌って舞を踊ったことがあった。あたかも強風が吹いて袖を翻《ひるがえ》し、天へと飛んでいく姿勢で踊る飛燕の姿はまるで仙女のようだった。内侍の馮無方《ひょうぶほう》が吹いていた笛を投げつけて、飛燕が飛んでしまわないように足を摑んだ。飛燕の足はとても小さく、馮無方の掌の上でも軽やかに舞を踊ることができたという。このように纏足をした女は膣《ちつ》の収縮力が強く、それゆえ飛燕と合徳の姉妹は成帝を捕らえて離さなかった。

成帝もやはり飛燕、合徳姉妹の淫乱には勝つことができず、媚薬を飲み始めた。一度に一錠ずつ飲めば陶酔して楽しむことができたのに、ある日泥酔した合徳がいっぺんに七錠も飲ませて、成帝は夜通し合徳を抱いて楽しんだ末に、精力を使い果たしてそのまま死んでしまった。いわゆる腹上死というわけだ。合徳は「陛下がわたくしをおいて逝《い》かれてしまった」と泣き叫んで、血を吐いて死んでしまった。

成帝が死んで哀《あい》帝が即位すると飛燕は皇后に勅封されたが、哀帝の死後、即位した太子・平《へい》は飛燕を庶人に廃して北宮でひとりで暮らさせた。飛燕が北宮で首を吊って自決し、絶世の美人姉妹は好色の生涯の幕を閉じたのであった。

美人救国論VS美人亡国論

「クレオパトラの鼻があと一センチ低ければ、世界の歴史は変わっていただろう」というパスカルの言葉がある。これに似た意味で中国では「傾国の色」という表現が幅広く使われている。天下一の美人を比喩《ひゆ》するのと同時に、美女に夢中になって国が亡びるという凄絶な教訓を示唆している言葉だ。

　中国の四〇〇〇年の歴史で、国を傾かせた傾国の美女は無数にいる。そのなかでも西《せい》施《し》、虞姫《ぐき》、貂蝉《ちょうせん》、妲己《だっき》、褒姒《ほうじ》、夏姫《かき》などをすぐさま挙げることができる。まずは『三国志』にも登場する美人・貂蝉を通して、美貌と国の関係を探ってみることにしよう。
『三国志』を初めて読んだときから忘れえない一節があるのだが、それはまさに「人中呂布、馬中赤兎」である。大河歴史小説の傑作として評価される、あの分厚い『三国志』を繙《ひもと》けば、勇敢無双の英雄豪傑が夥《おびただ》しく登場する。その中でも呂布《りょふ》を最高の豪傑だと評価する人もいる。そして呂布を論ずるとき、彼が貂蝉を戯弄したストーリーが必ずつきまとう。

　貂蝉は司徒《しと》の王允《おういん》が育てた歌妓であり、美貌と男の心を蕩かせる愛嬌を備えた傾国の美女であった。そのころ太子の董卓《とうたく》が暴君として悪名をほしいままにしていた。漢の献帝を廃位させた董卓の乱暴は周辺でも悪評が高かった。諸侯たちが協力して董卓を征伐しようとしたものの、いつも勇猛果敢な猛将・呂布の前に敗北を喫してしまうのであった。

　漢の司徒・王允もやはり、なすすべもなく慌てふためいていた。そんな姿を見るに耐えかねた貂蝉が自ら申し出た。

「わたくしが歌舞に親しみ贅沢に暮らさせていただけたのは、何から何まであなたさまのおかげでございます。わたくしは粉骨砕身しても、そのご恩に報いとうございます。近頃あなたさまは愁心に沈んでおられるようで、おそらく国家の大事があるのだろうと思いますが、あえてそのわけをお聞きすることもできません。まんいち、わたくしが必要でしたら、どんなことでも辞さない覚悟でございます」

このとき王允はふと悟るところがあった。

「そうか、この漢の国の天下は、まさしくほかでもないおまえの手の中にあったのじゃ」

王允は、董卓が皇位を簒奪しようと企《たくら》んでいるが、養子である呂布が勇猛で宮中の文武百官たちが近寄り難く悩み苦しんでいるという実情を貂蟬に打ち明けた。そうして彼女に絶好の妙策を授けた。董卓と呂布はどちらもとんでもない好色家だから、貂蟬の色じかけで義理の親子である二人の仲を引き裂いて、呂布をして養父・董卓を殺させようという妙案であった。

「民と国にかかる災いが降りかかっているゆえ、まさしくおまえが出てゆくときじゃ。この国を建て直して山河を蘇らせるには、おまえの力がどうしても必要なんじゃ」

王允の計略に従って貂蟬は宮中に入り、非凡な美貌によって呂布の心を捕らえるのだが、董卓も貂蟬に惚れ込んで、呂布に猜疑と嫉妬を抱くようになる。このような渦中で貂蟬は、まず呂布に「この身が董卓に汚されない限り、この命を尽くしてお仕え申しあげます」とせつなげに告白する。続いて董卓のもとに行って「呂布が無礼にもわたしを弄《もてあそ》ぼうとしたのですが、幸いにも太子がちょうどよいときにいらして、この身を救ってくださったのです」

結局、色じかけに惑わされた若い呂布は養父・董卓を殺してしまう。かくして董卓の退陣とともに、各国の英雄たちが戦い争う新しい歴史の幕が開く。貂蟬の「傾国の色」は自身の美貌と貞操で国を守ったという理由で、中国人が称賛してやまない美人救国論の永遠のモデルとなっている。

これとは異なり、国を亡国へと導いた禍根の張本人となった傾国の色もある。周《しゅう》の幽王《ゆう》の時代、幽王の寵愛を独りじめした絶世の美女がいた。宣《せん》王の時代に四〇歳を超えたひとりの宮女が女の子を産んだのだが、不吉な徴候だと思った宣王はその赤ん坊を殺せと命じた。ところが偶然に陝西《せんせい》省の褒人《ほうじん》の目に留まり、連れていかれて育てられることになり、また名前を自分の姓に倣《なら》い褒姒《ほうじ》と名づけた。その女の子は大きくなるにつれて美しくなり、まさしく「傾国の色」となったという。

幽王の時代、褒珦《ほうこう》という陝西の君主が舌禍のため、幽王によって監獄暮らしを強いられていた。彼の息子は褒姒を幽王に貢ぐことで父親を救い出す。

幽王は彼女を目に入れても痛くないほど寵愛した。しかし、おかしなことに褒姒の顔にはまったく微笑みは浮かばなかった。それで幽王は王妃と太子までをも廃位させて、褒姒を正妃として迎え、また彼女が産んだ息子を太子として擁立したが、あいかわらず笑顔を見ることはできなかった。

悩みぬいた幽王はある臣下の提案を受け入れて、おもしろい景色を見物させてやろうと褒姒とともに驪山《れいざん》へと向かった。そうして夜に松明《たいまつ》に火をつけ烽火《のろし》を上げさせた。それは遠く離れた諸侯と兵士たちに急を伝え、即座に駆けつけることを命ずる合図であった。

諸侯たちは烽火を見て、数十里、数百里をものともせず馬に乗り汗だくになって駆けつけてはきたものの、敵の姿はどこにも見えず、幽王と王妃が城塁に立っているばかりである。諸侯たちはそこでやっと幽王の悪戯《いたずら》に引っかかったことを悟る。騙された諸侯たちの滑稽な様子を見て、褒姒は何と手を叩き腹を抱えて大笑いをしたのである。褒姒はそのおもしろい光景をもっと見物したいと幽王にねだり、彼は素直に彼女の願いを聞き入れて、幾度も烽火遊びを繰り返した。

そして後日、西戎《せいじゅう》が周に攻め込んできたときに慌てた幽王が烽火を上げたが、諸侯たちはどうせまた悪戯に違いないと思い、「今度こそ騙されないぞ」と言って誰ひとり駆けつけなかった。結局、幽王は首をはねられ、周王朝も都を捨て洛邑《らくゆう》に遷都するという没落の窮地に陥ってしまう。

歴史は英雄が創造したが、創造した歴史は女色によって壊されたと言っても過言ではないだろう。かくして中国の歴史は美人と国家の運命が常に針と糸のように合わさってきたのだ。

ヨーロッパにまで影響を及ぼし、強大な軍事力を誇ったジンギスカンが大規模な征伐を繰り返した理由は、蒙古には美人がおらず他国・他民族の美人を手中に収めるためであったという説にも一理あるように思われる。

清《しん》が建国された直接的な動機もやはり美人とおおいに関連がある。明の名妓・陳圓圓《ちんえんえん》は「傾国の色」であり、呉三桂《ごさんけい》の愛妾であった。ところが、農民蜂起を起こした李自成《りじせい》が北京を陥落したのち、陳圓圓を手中に収めて抱いた。すると呉三桂は清軍を率いて北京に攻め入って愛妾を取り戻そうとしたが、この北京討伐が清が北京に建国される直接的な契機となった。

一部の歴史学者たちが、陳圓圓がいなければ中国近代史は変わっていたかもしれないと評価するくらいだから、美人の歴史的役割は千軍万馬をも凌《しの》ぐものと思われる。

美人救国論か？　美人亡国論か？　という論争はいまだ結論が出せずにいるが、美人の手で国が救われようとも、亡ぼされようとも、ともあれ「傾国の色」と国の運命は常に密接な関係にあり、その中で中国の歴史が繙かれてきたことは否めない。

中国に江青《こうせい》という美人がいなければ、毛沢東の文化大革命という恐ろしい内乱はなかったはずで、あれほど数多くの中国人たちが殺されることはなかったはずだ。思い起こせば悲痛な現代史の悲劇の一場面である。

「女性が天の半分を背負った」という毛沢東の名言が生まれるのももっともである。

毛沢東と女たち

毛沢東は二〇世紀を代表する世界的な人物である。革命家、政治家、思想家、そして詩人の資質を兼ね備えた彼は、農民大衆を率いて、湖南《こなん》省の平凡な学生から中国を統一させた当世紀最高の人物として君臨するに至り、新中国を創建したのちに絶対的で強大な力を誇示した。

彼は複雑で試練の多い生涯とともに、女性遍歴も複雑で「革命的」だったという。

毛沢東の最初の妻は富農であった父親が決めた（実際には買ってきた）預婦《ちょうふ》であったという。預婦とは幼い少女を貰《もら》い受けて育て、将来自分の息子の嫁にする中国の風習である。日本の学者・竹内実《たけうちみのる》氏は著書『毛沢東の生涯』で、その事実を明らかにしている。

しかし毛沢東はまだ学生で、古い慣習を嫌い父の意向を無視して家出をする。一九二〇年代に師範学校の恩師の長女、楊開慧《ようかいけい》と恋愛の末に結婚する。たがいに気が合って意志を同じくする革命同志が結ばれた結婚であったので、彼らは理想的なカップルだとの噂が広まった。楊開慧は良妻賢母として毛沢東の片腕となり内助の功を発揮した。

一〇年後に国民党の軍閥に逮捕された楊開慧は、毛沢東との離婚に同意すれば命拾いすることができたにもかかわらず、それを拒否して銃殺されるという悲劇の最期を遂げた。自らの命までなげうって夫への忠誠と貞節を誇示したのである。

ところが毛沢東は楊開慧が銃殺される前に、すでに新しい妻を迎えていっしょに暮らしていたという。その相手がまさしく賀子珍《がしちん》である。賀子珍は一九二八年、中国共産主義青年団の幹部として活躍していた美貌の女学生であった。楊開慧と正式離婚もしないうちに賀子珍と結婚したのだから、現代ならば当然、重婚罪が成立するが、複雑な革命運動の中でこのような細々としたことまで論ずる人はいなかったという。

毛沢東は延安《えんあん》で女性通訳と仲良くしていたことで賀子珍と大喧嘩を繰り広げる。結局、毛沢東は正式離婚手続きも踏まずに賀子珍と別れたのち、精神病に罹《かか》ったという口実のもとに彼女をソ連へと休養に行かせてしまう。

賀子珍がソ連から帰国したとき、毛沢東はすでに江青と結婚したあとだった。ところが賀子珍との結婚がまだ存続していたから、毛沢東は賀子珍に対してたった一言で切り捨てた。

「中国人の伝統方式で処理しよう」

伝統方式とは、はたして何だろうか? 国民党の父・孫文《そんぶん》が提起した方法であり、一言でいえば折衷《せっちゅう》方式である。孫文は学生時代に蘆慕貞《ろぼてい》という女性と結婚したのだが、革命の渦中で常に妻とは離れて暮らさねばならなかった。蘆慕貞は良妻賢母としての持ち前を尽くし誠心誠意、嫁として妻として孫文の三人の息子と家族のために心血を注いだ。しかし孫文は彼女と真摯《しんし》な愛情生活を分かちあうことはできなかった。蘆慕貞は家庭の主婦としては立派であったが、革命については無知だった。三〇年後、孫文は宋慶齢《そうけいれい》と革命の理想を土台に相思相愛となり、結婚するまでに至った。

そのころ中国人には離婚という観念がなかった。孫文は宋慶齢を妾として受け入れるか、さもなくば蘆慕貞を「休妻」させるかという二者択一をしなければならなかった。しかし孫文は若く美しい宋慶齢を正室にしたかったのと同時に、蘆慕貞を休妻させることもしたくはなかった。そうして宋慶齢と結婚し、蘆慕貞とは仲睦《むつ》まじく永遠に離れて暮らす方法をとったという。毛沢東がいう「伝統方式」とはつまり孫文の方式のことであった。

江青といえば、いうまでもなく悪妻として名高い女性革命家である。山東省《さんとう》出身の彼女は幼いころから演劇を学び芸術的な才能に抜きんでて、上海《しゃんはい》の銀幕で活躍した女優としての芸名が藍蘋《ランピン》であった。

彼女は延安に入って毛沢東のもっとも熱心な学生として、講義のときには一番前の席でびっしりとノートに書き込んで質問をしたりした。毛沢東も彼女の若さと美貌に心を奪われた。毛沢東の歓心を買った彼女は翌年、毛沢東と正式に結婚する。

延安時代の革命家たちの回想によると、芸術的天賦がある詩人としての毛沢東には、都会の文化に疎《うと》いというコンプレックスがあって、洗練された都会文化に内心憧れていたという。特に都会の、垢《あか》抜けてセンスがいい「時代の先端を行く女」が大好きだった。そんな彼の目の前に、まさしく洗練された美貌の江青が現われたというわけだ。そのとき彼女の年齢は二四歳であった。

しかし毛沢東は、プライドが高く独占欲と権力欲の強い江青にしだいに嫌気がさしてきた。江青は毛沢東夫人という盾を振りかざして、「四人組」による文化大革命を利用して政権を奪取しようという夢を抱く。そして結局は逮捕され、一九九一年に監獄で自殺を図ることで罪多き生涯を閉じた。

最高権力者として新中国に君臨した毛沢東には、中南海ではいつもダンスパーティーを催して美人を物色したというエピソードもある。晩年には看護師の張玉鳳《ちょうぎょくほう》を常に傍らにおいて愛したという。彼女は黒龍江《こくりゅうこう》省出身の美人で専用列車の看護師であったが、彼女に惹《ひ》かれた毛沢東は身辺に呼び寄せた。そして生活秘書として晩年の毛沢東を慰めた女性であった。

毛沢東も「英雄好色」という言葉にふさわしい世紀の英傑かもしれない。

第三章 中国のエロス文学と性表現

三人の姉妹に求められる男（清時代の春画）

天子の髷《まげ》をも解くエロス文学

豊富な文学的業績を残している中国は、太古からエロス文学が発達した伝統を誇っている。世界最古の詩集である『詩経《しきょう》』にも性愛とエロスに関する描写がたびたび登場するのを見ても、脈々と流れるエロス文学の伝統をうかがい知ることができる。

文化史家たちの研究によると、こんにちまでに発掘された本格的なエロス文学作品で最初のものは唐の時代のものだという。張文成《ちょうぶんせい》の『遊仙窟《ゆうせんくつ》』と、詩人・白楽天《はくらくてん》の弟である白行簡《はくこうかん》の『天地《てんち》陰陽交歓大楽賦《いんようこうかんだいがくふ》』がそれだ。

駢文《べんぶん》形式で書かれた張文成の『遊仙窟』は、旅行中のひとりの男がある神仙窟で繰り広げられる情事の物語を自叙伝的な文体を借りて書いたものだ。遊仙窟で出会った五嫂《ごそう》と十《じゅう》娘《じょう》は美貌と風流を兼ね備えた美人で、主人公を手厚くもてなす。三人は詩をやりとりしながら、男は誑《たぶら》かされるのだが、その詩の内容はすべてがほかでもない恋情と性愛を詠《よ》んだものである。

主人公と十娘との酒杯のやりとりがしだいに佳境となり、五嫂がそばで二人をそそのかす。主人公はついには十娘と雲雨の情を交わすのだが、その場面の描写を引用してみよう。

花のように美しい顔に香りも芳《かぐわ》しい。揺れる心は誰も止められず、膨れあがる情は自制できない。赤い着物の下に手を入れて、青い蒲団の下でたがいの脚を絡《から》ませる。二人の唇は熱気で触れあって、片腕は女の顔を抱え込んだ。

王辟疆《おうへききょう》の考証によると、この文章は中国文学作品に著された男女の性行為描写のうちもっとも古いもので、紀元七〇〇年前後のものだという。明・清時代のエロス文学の描写と比べると、『遊仙窟』の描写はかなり含蓄的であることがわかる。
白行簡の『天地陰陽交歓大楽賦』は『遊仙窟』と比べると、性行為を詳細に描写しているのが特徴だ。残念なことに現存するものは漢文で三〇〇〇字にしかならないが、それも序文を除けば文章は一二段落にしかならない。その文章は一二の性交の様子を描いたもので次のようなものである。

○少年新婚初夜の歓合
○貴族男子と姫妾《きしょう》の歓合
○真昼の歓合

○貴族夫婦の一年間四季折々の歓合
○年老いた夫婦の歓合
○皇帝と後宮の妃嬪たちとの性生活
○怨女《えんじょ》と眩夫《こうふ》間の窃玉偸香《せつぎょくちゆうこう》式歓合
○男女間の野合（婚外情事）
○婢女との歓合
○醜い夫人との歓合
○僧侶と皇帝の同性愛行為
○下層民の性生活

白行簡のこの書は紀元八〇〇年ごろに著されたもので、『遊仙窟』の約一〇〇年後のものだ。元来、賦《ふ》がついている文章は華麗なことで有名だが、そのような伝統を踏まえて『天地陰陽交歓大楽賦』も非常に華麗に綴られている。ここに登場する則天武后と唐の太宗が初夜を営む光景の描写を引用してみる。

帳《とばり》を除《の》けて天子が寝床の上にあがると、媚娘《びじょう》（武后の雅名）の花のような姿。
明けの明星のような二つの瞳が美しく瞬《またた》く。
二つの眉の恥じらいが浮かび三日月へと変わり
侍女がお体を押してさしあげると左右にもつれてお尻を揺する。
三度前に出ては二度後《あと》ずさりするので
激しい欲情が二人の体にこみあげてきて
上では重なり下では接するのだが
いつのまにか天子の髷《まげ》が解ける。

以上のように性交の歓喜をあらわに描写した例は数少ない。このような直接的な描写方式は、のちに明・清時代のエロス小説に大挙して登場することになる。

唐の文人たちがエロスを罪悪視したり卑下したりせずに、一種の楽しみとして興味深く取り上げたところから猥褻《わいせつ》文学が誕生したのだ。李白《りはく》や元鎮《がんちん》などの詩にもエロスの描写が少なからず現われることはこの点をよく説明している。

古代中国人にとって男女の交接は神聖な意味が内包された佳景として、謳歌し賛美する神聖な領域であった。唐の猥褻文学が生まれた背景には、エロスを神聖視した中国人の伝統があったといえる。

現代人もびっくり! 中国のポルノグラフィー

古代中国人の猥褻文学は唐の時代に正式に登場したのち、宋・元の沈滞期を経て、明・清の時代に極端な隆盛期を迎える。こんにち見ることができる中国の猥褻ポルノグラフィーの大部分は、そのほとんどが明末期と清初期に量産されたものだ。

俗にポルノ小説といえば『金瓶梅《きんぺいばい》』『肉蒲団《にくぶとん》』などを思い浮かべるが、それよりもっと煽情的で猥褻な小説がある。

『如意君伝《にょいくんでん》』『痴婆子伝《ちばしでん》』『繡榻野史《しゅうとうやし》』『国色天香《こくしょくてんこう》』『浪史奇観《ろうしきかん》』『宜春香質《ぎしゅんこうしつ》』『僧尼孽海《そうにげつかい》』『歓喜冤家《かんきえんか》』『弁而釵《べんじさい》』『一片情《いっぺんじょう》』『隋煬帝艶史《ずいようだいえんし》』『濃情快史《のうじょうかいし》』『儒林外史《じゅりんがいし》』『玉妃媚史《ぎょくひびし》』『昭陽趣史《しょうようしゅし》』『燈草和尚《とうそうおしょう》』『桃花艶史《とうかえんし》』『春燈謎史《しゅんとうめいし》』『風流和尚《ふうりゅうおしょう》』『嬌紅史《きょうこうし》』『野叟曝言《やそうばくげん》』『燈《とう》月縁《げつえん》』『杏花天《きょうかてん》』『醒世因縁伝《せいせいいんねんでん》』

郭箴一《かくしんいち》は著書『中国の小説家』でこのように記している。

「猥褻といえば、『金瓶梅』よりもさらに常軌と理性を逸した作品が、この時代(明末期)

には少なくない。『繍榻野史』や『弁而釵』『宜春香質』のような小説と『金瓶梅』を比較してみると、『金瓶梅』はまだ高雅な作品だと言える」

とりわけ明末期に登場したポルノ小説と春画を見渡すと、芸術性の面においてもトップレベルである。清の時代に現われたポルノグラフィーは明末期よりもさらに秀でているという定評がある。ポルノ小説はたいてい社会的背景が鮮明でなく、ストーリーは性行為を描写するための装置にすぎず、大部分を性戯の描写に割いている。『繍榻野史』の内容をすこしご紹介しよう。

明の劇作家・呂天成《ろてんせい》が綴ったこの小説は、はじめから終わりまで寝床の上の場面の描写が続いて、現代のポルノビデオを連想させる。その描写が濃厚で話の展開はきわめて簡単なのが特徴といえば特徴だ。

江南《こうなん》地域の揚州《ようしゅう》に姚同心《ようどうしん》（別名、東門生《とうもんせい》ともいう）という人士《じんし》が住んでいて、その妻が醜女であった。二五歳で妻が亡くなると、幸いに思った姚同心は若い後妻を迎え入れた。以前から彼には、同性愛の相手である趙大里《ちようだいり》という若くて優しい美男がいた。ところがその趙大里は姚同心の後妻である金《きん》夫人に一目惚れしてしまい、金夫人も趙大里に惚れ込み二人は密通する。そうして彼女は夫の黙認のもとに公に趙大里との情事を満喫す姚、金、趙の三角関係に金夫人の侍女が加わり、この世の性戯という性戯はし尽くされるのだが、そこに趙大里の母親であり四〇歳を超したばかりの寡婦・馬氏《ば》までが加わってくる。結局、姚同心は馬氏と結婚して夫婦となり、趙大里は金夫人と結婚して夫婦となる。すなわち、古代版夫婦交換婚がなされる。

話はこれだけでは終わらない。姚同心と趙大里がいっしょに金夫人の前と後から性戯を楽しんでいるところに馬氏が現われる。なにしろ純真であった馬氏は夫と息子がひとりの女を貪《むさぼ》りあっているのを見て、びっくり仰天して罵声を浴びせる。

このスキャンダルは揚州全域に広まって、四人はそこにとどまることができなくなり、山中へと逃げだしたのだが、しばらくして馬氏、金夫人、趙大里の三人は死んでしまう。悲しみに沈んで暮らしていた姚同心は、ある日夢の中で、雌豚と雄と雌の騾馬《らば》に出会う。淫乱罪で地獄の閻魔《えんま》大王から罰を下され変身させられた三人の姿であった。姚同心は妻を他人に渡した罪で来世には亀にさせられるという言葉が告げられる。自身の罪を悔いた姚同心が財産を寺に寄進し、自らも頭を丸めて僧侶となり、三人を供養することで話は終わる。

『繡榻野史』と並んで有名な『浪史奇観』も明末期に出てきたポルノ小説だ。男盗女娼《だんとうじょしょう》の世界を描写したもので強烈な性的刺激を与えるのが特徴だ。『浪史奇観』の主人公は江南の浪子《ろうし》という好色家だが、終生好色を貫いた彼の経歴を描写して、結局すべてが虚無であることを悟った彼が入山するというあらすじである。

浪子は初めて会った人妻の李文妃《りぶんぴ》と性の狂宴を繰り広げる。続いて李文妃の隣家に暮らす未亡人・趙大娘《ちょうだいじょう》と彼女の娘・妙娘《みょうじょう》とも性戯を繰り広げるに至る。

まず、趙大娘と浪子がいっしょに食事をする場面から見てみよう。趙大娘が浪子に礼儀として一席持つ。古代中国では男女が食事をともにすることは、ふつう関係がないことを示す常套手段である。酒三杯が入ると三〇歳を超した未亡人・趙大娘はもはやこみあげる春情に抗えず、浪子に胸をあらわにしながら秋波を送る。好色家の浪子がそれを見逃すはずがない。

「さあ奥方、わたしの杯も一杯受け取ってください」

浪子は酒を勧めながら、その誘惑に応じる。酒膳を放り出してすぐさま密室に入れば、当然、秘めごとが始まる。裸になった浪子は、横たわる未亡人の花園のような局部をじっと見つめてから舌先で美味しそうに舐《な》める。春情の洪水が溢れ出た趙大娘は、はあはあと荒い息を吐きながら喘《あえ》ぎ声をあげ始める。

「わたしの息子（中国の女が恋人を呼ぶ言葉）、もうこれ以上我慢できないわ。さあ早くその大きな奴でわたしの花園を満たして」

しかし、浪子はそのまま舌で花芯を攻撃するばかりだ。

「この子は甘い蜜が好きね。母さんの花園は、そんなにおいしいはずがないわ」

クンニリングスを楽しんだ浪子は趙大娘に昇天するほどの気分を味わわせたあと、男根を洪水のようにびしょびしょに濡れている花芯の中へぐいっと挿入する。

一〇年あまりもの間、独り寝をしてきた趙大娘は、男の味を満喫して狂ったように歓喜に体を震わせる。そうして寝床の中で自分の娘の妙娘を浪子に捧《ささ》げることを約束する。

浪子はこんな艶福がこの世のどこにあるものかとばかりに、すぐさま妙娘の部屋に駆けていく。妙娘はびっくりして「どなたですか？」と尋ねる。

「おまえの愛人だ」

「何をしにいらっしゃったんですか？」

「わしの愛人の花園を借りに来たんだ！」

そのとき母の趙氏がやってきて娘を説得する。

「ねえおまえ、逃げないでちょうだい。女なら必ずしなくちゃいけないことなんだからね」

それでも言いつけを聞かない妙娘に、母はいつまでも説得を続ける。

「浪子の逸物はとても大きいけれど綿のように柔らかくて、あそこに入っても痛くはないのよ。さあ、おまえもこの甘美な味がすぐにわかるはずよ。これから嫁に行くために経験しておかないといけないことよ」

母の説得に根負けした妙娘は、恥じらいながら頷《うなず》く。幼い娘に不倫を勧める母親がいるのだから、世の中とはまったくおもしろいものだ。

性的刺激を目的に書かれたこれらのポルノ小説は美的感覚がないとの評が支配的だが、そのうち『肉蒲団』は芸術的にも高い水準の作品に属する。未央生《みおうせい》という主人公が、人妻と密通したのちに自分の妻がほかの男に寝取られるという因果応報を力説して、道を悟った未央生が仏門に入るという展開は非常に煽情的で刺激的ではあるが、文体が優雅で芸術美を感じさせる。

中国のポルノグラフィーを単純にただの猥褻物として卑下するには、やはり無理があるような気がする。

妻は妾に及ばず、妾は妓女に及ばず

『笑林広記《しょうりんこうき》』には「貞操紙《し》」なるものに関するとても滑稽な話がある。

張仁《ちょうじん》という男が遠方への出張に当たって、品行の良くない妻がよその男と姦通するのではないかと気がかりになって、紙で貞操帯を作った。つまり丈夫な紙に「張仁封」の三文字を書いて、妻のあそこに貼っておいたのだ。ところが、あろうことか妻は夫が旅立つやいなや男を呼び寄せて、天地が轟《とどろ》かんばかりに情事を楽しんだのであった。そのため貞操帯が縦にびりっと裂けて、半分はなくなってしまった。出張から帰ってきた張仁がさっそく妻の衣を脱がして検査してみると、左半分が破れてなくなって「張仁封」の三文字が「長二寸」になってしまったではないか！　張仁は「いくら、わしの逸物が小さいからといっても、たった二寸とはあんまりじゃないか！」と妻に文句を言ったという。

日本や韓国にも、この貞操紙の話に類似した説話が伝えられていることからも、東洋文化どうしの親近感を覚える。ところでこの話は、妻が浮気心を起こしてよその男をかすめ取るという「偸漢《とうかん》」行為をアイロニカルに描いたものである。

中国には「男盗女娼《だんとうじょしょう》」という言葉がある。「男はよその女を盗み、女は体を売る」という意味である。中国では誓いを立てるときによく「天誅地滅《てんちゅうちめつ》、男盗女娼」という合言葉を宣言するが、その意味するところは「悪人には必ず天罰が下るし、男は盗賊であり、女は娼婦だ」というものだ。魯迅《ろじん》は、この言葉は中国人にとってきわめてありふれた型《かた》に嵌《は》まった言葉であり、孔子曰《こうしいわ》く、詩云というのにも似ていると言った。考えてみれば、男盗女娼現象が天罰の下る行為として格言となるほど、中国では猖獗《しょうけつ》を極めたことを実証しているわけだ。

明の初期に江盈科《こうえいか》が著した『雪波小説《せつはしょうせつ》』に「妻不如妾、妾不如妓、妓不如偸、偸着不如偸」という名文句がある。これは「妻は妾に及ばず、妾は妓生に及ばず、妓生は盗むことに及ばない」という意味だ。

日本でもこれを「一盗、二婢、三妾、四妓、五妻」というような順序でランクづけしているが、これもやはり中国古典が伝播《でんぱ》した影響ではないだろうか？

中国では「盗」を「偸」と言い、女が男を盗むことを「偸漢」という。さきほどの貞操紙の話はつまりこの偸漢に関するものである。

「一盗、二婢、三妾、四妓、五妻」にも見られるように、やはり他人の妻を盗むことが、もっともよくてスリルもあるということだ。他人の妻は男の性的経験を充分に積んでいてその味も知っているから、性的経験のない処女の物足りない味よりも、そして妾や自分の妻よりもおもしろいという論理だろう。

ならば、人間のセックスは古今東西を問わずあまり違いはないようだ。現代の淫《みだ》らな非道や不倫は、つまりこの順序を実践する性の実現なのかもしれない。不倫をテーマとしたドラマの視聴率がとてつもなく高く、そのような小説も爆発的な売行きを示すことからも、この点が実証されるのではないだろうか。

中国の歴史上、他人の妻を奪う態度においては、何といっても金《きん》の国の海陵王《かいりょう》にかなう者はいないだろう。海陵王の淫蕩さに関しては前述したが、彼は他人の美しい妻や女を見れば、手当たり次第に宮中に連れ込んで味見しなければ気がすまない色情魔であった。

『金瓶梅』の主人公・西門慶もやはり彼に次ぐ淫《みだ》らきわまりない人物である。

「男盗」とは逆に、数多くの男を相手にして男性遍歴を重ねる女傑も少なくはない。唐の則天武后の名がまっさきに挙げられるだろう。中国のエロス文学にも数多くの男とまぐわう女が登場するが、なかでも有名なのがまさに『痴婆子伝《ちばしでん》』の阿娜《あな》という好色女だ。この小説は、阿娜が老年となって、それまで数多くの男と情事を繰り広げた色道遍歴を回想する形式で書かれている。

阿娜は一二歳の少女のころ、隣家に住む新妻に男女間のことについて根掘り葉掘りしつこく尋ねた。すでに思春期に入っていた阿娜は、その新妻から性に関する教えを受けて、性的興奮を感じるようになる。

阿娜が新妻から情事に関する話を聞いて男を恋しがっていたそのころ、ちょうど従兄弟の慧敏《けいびん》という独身男が阿娜の家に泊まって私塾に通うことになる。阿娜は母親が家にいない隙《すき》に乗じて、妹の嫺娟《かんけん》といっしょに慧敏を呼んで新妻の教えを実践する。

阿娜は一六歳のときにはすでに四年間の性的経験を積んだ性女へと成長していた。男のことを考えるといてもたってもいられなくなる彼女は下人の息子・俊《しゅん》とも通ずる。そうして阿娜は一七歳のときに欒《らん》氏家門へと嫁ぐことになる。その家門はかつての晋《しん》の時代の宰相の子孫であり、長男・克奢《こくしゃ》、次男・克慵《こくよう》、三男・克勉《こくべん》の三人の息子がいて、阿娜は次男の克慵の妻となった。

一年後、夫が遊学のために遠方へと旅立った。彼女の寂しさを慰めてあげようと、義姉にあたる長男の妻・沙《さ》氏が食事でもてなしてくれた。そのとき阿娜はその家の下人・盈郎《えいろう》に秋波を送って誘惑する。下女を通してとうとう盈郎を寝室までおびき寄せたのだが、実は盈郎は克奢の同性愛の相手であり、味はまあまあだったが、どこか物足りなくて持続力に欠けていた。こうして結婚後、はてしなく長い淫らな色道の遍歴が始まるのであった。

ある日、庭園の花の咲く木の下で阿娜と盈郎が秘めごとを始めた。ところが何度か抽送を重ねたすえに二人とも精根尽き果てて抱き合っているところを、下人・大徒《だいと》に見つかってしまった。慌てた盈郎は、大徒の口を封じるために「おい、おれたちいっしょに夫人のお恵みを頂戴しないか？」と誘ったのだ。そうして阿娜と二人の男の三人プレイが繰り広げられた。阿娜はゲイである大徒の膝の上にまたがり彼には肛門をあてがい、正面には両脚をがばっと広げて盈郎の猛々しい男根を受け入れた。

三人が情事を貪《むさぼ》っているまっさいちゅう、突然男二人が「わあ、助けてくれ！」と逃げ出した。さっぱりわけもわからないままに阿娜も、衣の紐《ひも》を結ぶこともできないままつられて走り始めた。その手には下着が握られていた。

家の前で阿娜は義兄の克奢と鉢合わせになった。「あら！」と叫んで阿娜は、びっくりして下着を落としてしまった。好色家の克奢がその内幕を察しないはずはなかった。彼は「ずいぶんとお楽しみのようだったな」と言って、下着を拾い上げ振って見せた。

それこそ「男は盗賊、女は娼婦」の言葉どおり、二人はその場で言葉のやりとりをしているうちに、結局淫らな行為に及んでしまうのである。

義兄と嫁が通じることも「男盗女娼」の興味深いパターンである。その三兄弟の長男である義兄・克奢が商売のために遠方へと旅立っていたある日、舅《しゅうと》の欒翁が寂しげな沙氏に淫らな心を抱き、顔を洗っている沙氏をうしろからいきなり抱きしめた。欒翁は彼女の乳房をつかんで無理やり寝室まで連れていき、まぐわい始めた。沙氏も久しく男に飢えていたから喜んで舅を受け入れたのである。

ところが、この一部始終を阿娜が盗み見ていたことを誰が知ろうか？

舅は阿娜を呼び寄せた。

「二番目の娘も見ているばかりじゃなくて、いっしょに楽しもうや」

阿娜がのぞいていることに感づいた沙氏が舅に「阿娜もいっしょにして口を塞《ふさ》がねばなりません」と唆《そそのか》したからであった。そして阿娜も裸で寝台の上に横たわった。

沙氏は阿娜に「お義父さんは一番親しい肉親だから、当然わたしたちが体で奉仕して、孝行してさしあげなくちゃいけないでしょ？」と親孝行を力説する。かくして一男二女の三人プレイが繰り広げられる。中国では三人の合戦を漢字で「嫐《どう》」と表現する。もし二男一女であれば、「嬲」ということになるだろうか⁉

阿娜はこうして男性遍歴を家族の中から外まで波及させ、色女の本領を発揮していった。下人から舅、僧侶、よその家の亭主らと密通してその数は一二名にも及んだ。阿娜は男の子を産んだが、その父親が誰かという判定すら困難であった。それこそまさに「女盗男娼」という言葉がぴったりではないだろうか？

中国人の女体美はアンバランス

中国の文豪・林語堂《りんごどう》がこんなことを言った。

「中国人は女性の体をちゃんと鑑賞できない。それは芸術にも表われている。中国の画家は人体を表現することにおいては、見事に失敗してしまった。女性の生活を描写することで有名な明《みん》の仇十州《きゅうじっしゅう》のような画家も同様である。彼が描いた裸身である『侍女図』を見れば、胸がまるでジャガイモの種芋のように貧弱だ」

好色の伝統を誇る中国人に、人体の美しさを鑑賞する眼目が備わっていないのはどういうわけだろうか？　伝統的に中国人は「男女の礼儀」という観念が支配して、女性の体を美的位置において鑑賞するということは考えも及ばないことであった。男女を問わず裸の体を他人に見せることを恥だとした。女性の裸体が赤裸々に露出されることは当然タブーであった。芸術作品を見れば、すぐにわかる。漢の時代の墓から出土した陶磁器人形や石像の中には、まれに裸体像が見られるものの、ほとんどが男性のものばかりだ。

身体バランスの悪い中国の美人画（清時代）

また、これらの作品の中の人体はすべて等身美の比例がアンバランスで、肉体的な美を少しも感じられないのだ。古代ギリシア・ローマの彫刻像とはきわめて対照的だと言える。

美術分野での中国大陸の実績は、取り立てて見るべきものがないばかりか、裸体を描いた画家もきわめて少なく、明・清の時代の春画だけが例外的に裸体を数多く描いた。しかしそれも、圧倒的多数の作品で人体の等身比例が崩れていて、頭は大きくて体格は小さく、胴体は太過ぎる。春画の中でそれなりにレベルの高いものとして挙げられる『花営錦《かえいきん》陣《じん》』(一六一〇年)も例外ではない。

古代中国の文献の中に表われた女性の裸身に対する趣向や、裸体を描写した文章や絵は、たいてい淫乱に描かれるのが常であった。その影響のためか女性の人体美に対する鑑賞や理念は、こんにちまでも捨て去ることのできない無形の精神的な禁忌事項となっている。

笠原仲二《かさはらちゆうじ》氏が、中国の古典である『詩経』『楚辞《そじ》』をはじめとする数多くの文献資料を土台に、古代中国人の女性美の主要な条件を概括したことがあるが、それは次のようなものだ。

○若さ
○すらりとした体つきと豊満な肉体、すなわち古代中国人が崇めてきた「弱骨豊肌」
○狭く弱々しい肩
○白く柔《やわ》らかで潤いのある肩
○若芽《め》のように柔らかい手と細い指
○か細い首
○長く垂れ下がった耳
○漆黒のごとく黒い、長く垂らした髪
○黒い眉と澄んだ瞳
○媚態を帯びること
○笑顔
○すっと伸びた鼻筋
○赤い唇の間に白く揃った歯
○優雅で美しい身のこなしと装い

古代中国の小説や詩、美術作品に表われた女性美を見ると、そのほとんどがこれらの基準を脱していない。そして、この物差しはこんにちの美人コンテストの判断基準とも似通っているのではないだろうか。

そうだとしたら、女体の美を鑑賞する古代中国人の能力が劣っていたわけではない。ただ封建的な礼儀観念によって審美意識が歪《ゆが》んでいるだけなのだ。同じ儒教の国・韓国もこれによく似た状態ではなかったろうか？　この点を勘案すれば、その実質を理解することができるだろう。

雲雨《うんう》の情

中国はもちろんのこと、日本、韓国など東洋の漢字文化圏では「雲雨の情」とは男女の秘めごとを意味する。太古より中国人には、陰陽思想によって男女の秘めごとを象徴する伝統があった。中国の医学や性に関する本を読めば、男の性交を火に、女の性交を水に象徴する例が無数にある。

それは対立する二つの世界である。火は燃え上がるが水によって消される。水は火によって加熱されるが、とても長い時間がかかり、冷めるにも時間がかかる。男女の性交時のクライマックスに到達する状態をそのまま象徴しているのではないかと思う。

かかる火と水の自然現象によって性交をなぞらえる起源は、はるか遠い昔にさかのぼらねばならない。中国古代の文献で、この故事は紀元前三世紀、楚《そ》の国の詩人・宋玉《そうぎょく》の『高唐賦《こうとうのふ》』の序言に巧《たく》みに描写されている。


ある日、高唐で遊んでいた王が疲れてそのまま昼寝をしてしまった。夢の中で王は美しい天使のように不意に飛んできたひとりの女と同衾するが、彼女は王に「わたくしは巫山《ふざん》に住む女《おんな》神仙《しんせん》です。大王様が高唐にいらっしゃったという噂を聞いて、このように寝床をともにしようと思ってやってまいりました」と言った。

雲雨の情を交わして別れるときに、彼女は再びこんな言葉を残した。

「わたくしは巫山の陽当たりのよい所に住んでいますが、高い山に遮《さえぎ》られ、朝は雲がたちこめ、夕方には雨となるので、朝夕、高唐へと下りてまいります」

「雲雨」を表現したこの伝説は美しい物語として中国人の心の中に生きている。学者たちの研究によると、中国の性学やエロス文学において「雲」は女性の卵子か膣《ちつ》分泌物であり、「雨」は男性の射精と解釈されるという。文学では「雲が晴れて雨が止んだ」というように性交の終了を表現したりする。また男性の迫力あるセックスを「翻雲覆雨《ほんうんふくう》」と描写する。

中国の山水画を見ると、にょきにょきと湧《わ》きあがる雲がふわふわと浮かび、山頂を遮っているその麓《ふもと》を水が悠々と流れている絵が実に多い。これもまた、雲雨の情の象徴的な表現である。

セックスを漢字で表現すると

象形文字である漢字は、文字自体に意味をそのまま伝達する機能がある。東洋ではキスを「呂の字を書く」というが、その元祖は中国に由来する。中国では太古より「呂の字を書く」というと、二つの口を接するキスを象徴した。「濃厚なキスは性急なセックスよりも味わい深い」という古代ペルシアの名言があるが、東洋の「呂の字を書く」がまさにその濃厚なキスに相当する。

中国の古代小説を通して、その世界をのぞいてみよう。明の時代の名作『春燈謎史《しゅんとうめいし》』

は、秀才と美人の話をエロスを通して描かれた小説として有名だ。主人公の貴公子・金華《きんか》と楊貴妃も顔負けの美貌の少女・嬌妹《きょうまい》の初めての出会いは熱烈なキスから始まる。

嬌妹をぐいっと抱き寄せた金華は、彼女の美しい顔をじっと見つめてから唇を寄せた。軽く唇を合わせてすぐさま舌先を彼女の口の中に挿し入れた。金華の舌が入ると、桜桃のように小さな嬌妹の唇は塞がれて見ることもできなかった。

そのうえ今度は彼女の舌が金華の口の中をまさぐり始め、二人の青春男女の舌がたがいに縄をなうかのようだ。ちゅっ、ちゅっとたがいを吸う音を聞くだけで、彼女は全身がぐったりとなって桃色の下着がぐっしょりと濡れた。

これがまさに「呂の字を書く」を描写した一節である。李漁《りぎょ》が著したとされる、清の時代の好色小説の傑作として名高い『肉蒲団』を読むと、「呂」の字が「品」の字としても登場するのが興味深い。

主人公、未央生《みおうせい》が香雲《こううん》の斡旋《あっせん》で瑞珠《ずいしゅ》、瑞玉《ずいぎょく》を訪ねて瑞家に赴《おもむ》いた。挨拶が終わって瑞珠がお茶を出すように侍女に申しつけると、仲介人の香雲が言う。

「お茶はいらない。こちらさまはあなたたち二人を恋い慕っていらっしゃったんだから、あなたたちの口の中の水をお茶の代わりに差し上げればいいんだよ」

そうして二人の女の手を引っ張って未央生に押しつける。未央生は二人の女を胸に抱いて、まずは瑞珠と接吻《せっぷん》し、それから瑞玉と接吻したのちに、三人の唇を合わせて「品」の字のようになって二人の女の舌を同時に自分の口の中に入れさせて、一時を楽しんでから放してやる。


中国の好色小説の中には「呂」の字、「品」の字以外にも、「中」の字や「串」の字で性行為の体位を表わしているケースもよく見受けられる。「中」の字は一対一、「串」の字は一対二の体位だ。「中」の字の「口」は女の性器を、「|」は男の性器を意味する。

『肉蒲団』はすべからく呂、品、中、串の世界を成している。さらに興味深い点はこの文字は体位ばかりでなくテクニックをも意味しているということだ。

「上では品の字をつくって、下では串の字をつくる」

「呂」の字を書く（明時代の木版画）

「まずは下のほうはさておいて、長い椅子に並んで座り、上で呂の字を描きながら左手を(女の)下のほうに忍ばせて限りなく中の字を描いた。いっぽう呂の字の泉を下へもっていき、肉棒と玉門に塗りたくった」

未央生と瑞珠、瑞玉の執拗な白熱戦に耳をそばだてていた侍女・香梅《こうばい》が下着をぐっしょりと濡らしたまま、それ以上我慢しきれずに、とうとう下着を脱ぎ捨てて未央生の胸に抱かれて逸物を受け入れようとするのだが、あまりに痛くてうまく入らなかった。それで未央生が仕方なく臨時措置をした場面描写である。未央生は逸物の代わりに指を挿入したのであった。もちろん香梅も満足感を覚えた。

それならば「中」の字は体位にも、前戯にも使われる手法であり、前戯の場合「中」の字を描くということはひどくリアリティーがある。

中国人はセックスを漢字でとても巧みに、そして粋に表現したと言えるだろう。

春画とエロス

日本の風俗画・浮世絵に直接的な影響を与えたのは中国の春画である。世人を驚かせたリアリズムが躍動するこの春画の母体は、すなわち中国の「春宮画《しゆんきゆうが》」なるものだ。生きている中国好色文化の象徴として、春画は文字や音楽よりも目によって直接、その好色の世界を感じさせてくれる。

学者たちの研究結果によると、中国の春画の歴史は漢の時代へとさかのぼらねばならないという。しかし現存する中国春画の実物は、敦煌《とんこう》の巻子《かんし》中の絵以外は、すべからく明・清の時代の作品である。主な形態としてはエロス小説の挿画と春画集の二種類である。

春画集は春宮画ともいうが、各様各色の環境の中でさまざまな性交の姿勢、体位などを絵として描いて本に束ねたものだ。通算二四幅《ぷく》か三六幅で構成されている。

春画集のタイトルもエロチックで『風流絶暢《ふうりゆうぜつちよう》』、『風月機関《ふうげつきかん》』、『鴛鴦秘譜《えんおうひぷ》』、『繁華麗錦《はんかれいきん》』、『花営錦陣《かえいきんじん》』など四文字で興味をそそっている。

春画が生まれた理由はどこにあるのだろうか？

まずは性生活の前戯として、性欲を膨張させて順調に雲雨の情を交わすための補助的な役割として使用された。好色文化と同じく目で見るこれらの絵は、こんにちのポルノビデオのように扇情的な作用をするには充分であった。

明・清の好色小説の中で、春画の役割を描写した一節は、かの有名な『肉蒲団』に登場する。

未央生の美しい妻・玉香《ぎょくこう》は、性格が頑固で融通が利かず風流を解《かい》さない女だった。それで未央生は春画集を買い求め、同衾の前にいっしょに見ながらおもしろおかしく説明してあげる。こわばっていた玉香の若い情欲は一瀉千里《いっしゃせんり》に迸《ほとばし》り、ついには蜜のように甘い夜の営みを楽しむに至る。

春画はまた鬼神と災いを追い出し、火災を防いで護身するためにも利用された。R・H・ファン・フーリックの『古代中国の性生活』には、春画のそのような役割が記されている。

春画は性教育や退屈しのぎに利用されると同時に、護身符としての役割を果たした。性交がクライマックスに達した生命の陽《よう》の気の象徴として、性交を描いた絵によって暗黒を象徴する陰《いん》の気を追い出すことができるという。近年まで、中国の風習には春画を子どもの服の中に入れておく習慣が残っていた。

明・清時代には春画以外にも男女が性交する姿の彫刻を鑑賞することが流行して、雑貨店でそのような彫刻が売られたりもしたという。朝鮮では、中国から粛宗《スクジョン》に捧げられた贈り物の中にまさしくこのような彫刻が入っていて、「この淫らなものを即刻、土の中に埋めろ！」と激怒したという話が伝わっている。

明・清時代の有名な春画としては仇英《きゅうえい》と唐寅《とういん》の作品が挙げられる。後世の人々がこの二人の画家の作品を模倣して贋作《がんさく》が数多く出回ったという。

春画はエロスを直接表現した密やかな絵として、中国人に久しく愛されてきた。エロス小説同様、中国の好色文化を伝達するという役割を着実に担ってきたことを評価すべきだろう。

おならとセックス

中国の好色文化を理解するために、ユーモアの中のエロスを掘り下げることは実に興味深い作業である。中国人は冗談（猥談《わいだん》も多い）の中にエロスを交えて性を諧謔《かいぎゃく》として楽しんだりした。くどくどと説明するよりも中国の古典と物語に登場するものを通して、ユーモアの中の性を探ってみたい。

初夜に夫がそれを中に入れると新婦が「だめだめ！」と声をあげた。それで夫が「それじゃ抜いてしまおうか？」と言うと、今度はまた「だめだめ！」と言う。夫が「いったいどうしろっていうんだ?」と尋ねると、新婦は恥ずかしそうな声でこう答えた。「入れたり、出したりして欲しいということよ」

たしかに新婦を責めるわけにはいかない。入れたり出したりするのが一番だということを知っていて何が悪いものか?

「この世でもっとも楽しいことは何か?」

こんな質問を受けた好色家はこう答えた。

「それは何といっても夜の秘めごとだよ」

「それでは秘めごとの次に楽しいことは何か?」

好色家はしばらく考えた末に、こう答えた。

「もう一回それをすることだな」

『笑府《しょうふ》』に収められた話だ。好色家にとって秘めごと以外に楽しいことなど何があるというのか?

ある新婚夫婦がまっ昼間になっても起きてこなかった。訝《いぶか》しく思った姑《しゅうとめ》が、下女に様子を見てくるよう言いつけた。少しして戻ってきた下女に姑が「どうだった？　起きてきそうもない？」と尋ねると、下女は顔を赤らめて「旦那様も若奥様も半分だけ起きていらっしゃいました」と答えた。姑が「それは、いったいどういうこと？」と聞くと、下女はこう答えた。

「旦那様は上半身だけ、若奥様は二本足だけを持ち上げて動いていたんです」

ある道学の先生が新婚初夜に寝床の上で新婦に言った。

「わたしは色を好んでかかる事をするのではない。ご先祖さまのため、代を継ぐためにするのじゃ」そう言って一《ひと》突きをする。

「わたしは色を好んでかかる事をするのではない。国のため、民を増やすためにするのじゃ」こう言ってまた一突きをする。それからまた、

「わたしは色を好んでかかる事をするのではない。天地のために万物の生長を願ってするのじゃ」そしてまた一突きをする。

新娘からこのことを聞いた実家の母親が「四度目にはなんて言ったの？」と尋ねると、新婦は「何も言わなかったわ」と小声で答えた。

「そりゃそうね。いくら偉い先生でも一度突くたびにそんなことといってたら……」

母親が独り言を呟《つぶや》くと、娘はこう答えた。

「いいえ、たった三突きで終わってしまったんだもん」


貧しい夫婦がいた。夜中に亭主が女房にあれを催促すると、女房が「あんたは明日食べる米もないというのに、よくそんな気になるわね」と文句を言った。すると旦那の熱《いき》り立っていたものが一瞬のうちに萎《な》えてしまった。慌てた女房はすぐさまこう言った。

「でも米櫃《びつ》をがりがり引っ掻《か》いてみれば、明日食べるものはあるはずよ」


爺《じい》さんと婆《ばあ》さんが結婚をした。もちろんたがいに再婚であった。結婚式が終わって二人が部屋に入りしばらくすると、新婦が「ああ、気持ちいい！　もうたまらない！」とひっきりなしに歓喜の声をあげるのであった。爺さんの息子夫婦が「あんな年寄りでもすることはするんだな！」と部屋にこっそりと忍び寄り、そっとのぞいて見ると爺さんが婆さんの背中を掻いてあげているではないか！

女房の纏足を縛っていた布をほどいていた亭主が、その足のくさい臭いに動かしていた手を止めて鼻を押さえた。怒った女房が「どうしたの？　嫌ならしてくれなくてもいいのよ！」と言うと、亭主は恐る恐るこう言った。

「いや、いや、さっきニンニクを食ったんだが、その臭いがおまえの足に染みついちゃいけないと思って……」

ある恐妻家の妻が亡くなった。夫は妻の葬儀の花を見て、これまで妻に虐《しいた》げられた仕返しをしようと、拳《こぶし》で花をぎゅっと握った。まさにそのとき、風が吹いて花が揺れた。びっくりした恐妻家は、すぐさま手を合わせて拝みながらこう言った。

「いまのはただの冗談だよ。ぼくがきみを殴るはずないじゃないか」

ある夫婦が大喧嘩をして、たがいに背を向け合って寝床に入った。夜も更《ふ》けて女房が仲直りしようと思い、そうっと手を亭主の股ぐらへと伸ばしてあれを摑《つか》んだ。

「これ、なあに？」

「足だよ」

亭主が事もなげに答えると、女房も平然と言い放った。

「あんたったらもう、足だったら靴下を履かせてあげないといけないでしょ?」

夫婦喧嘩の仲直りには、足に靴下を履かせるのが最高の薬だということだ。


ある女が突然男に強姦され、役人に訴えた。

「井戸の横で洗濯をしていたら、いきなり男にうしろからやられたんですよ」

「ならばそのとき、どうして立ち上がらなかったんだ?」

「もし立ち上がったら抜けはしないかと思って……」


下女が主人の前でうっかりおならをしてしまった。怒った主人が下女のお尻を鞭《むち》で叩こうと袴《はかま》を脱がせた。その白いお尻が艶《なまめ》かしく色っぽかったので、性欲がこみあげてきた主人はそのまま一度やってしまった。あくる日、主人が書斎で本を読んでいると、下女が入ってきてこう言った。

「あら、またおならをしちゃったわ!」

第四章
中国の歴史は夜に作られた

霊薬入り瓢箪《ひようたん》がついた杖を持つ長寿翁（清時代の彫像）

性交による疾病治療

神仙《しんせん》というと日本人や韓国人は、深い山の中に暮らしていて、杖《つえ》をついて額が瓢箪《ひようたん》のように広い白髪の老人を思い浮かべるだろう。しかし中国人にとって仙人とは人間世界とかけ離れた存在ではない。中国人は人間も道を究《きわ》めれば仙人になれると考える。この仙人がすなわち中国人の人生最高の望みである福《ふく》と禄《ろく》と寿《じゅ》の象徴なのだ。

一世を風靡《ふうび》した秦の始皇帝をはじめとして歴史上の皇帝はすべからく、不老長寿の仙人を憧憬《どうけい》して止《や》まなかった。不老長寿の理想を追求してきた理論と行動は、中国古代から数千年を経ても途切れることなく伝えられてきた。不老長寿は四種類の流派に分かれる。

最初は「辟穀《へきこく》」である。米や麦のような穀物を食用としないことだ。主食である米と麦を避けるために、ありとあらゆる材料を食用として調理したことにより、中国人特有の中華料理が誕生したのである。

第二としては「服食《ふくしょく》」である。仙人となるために食べる補食薬、強壮剤として外丹《がいたん》を製錬する錬丹術まで生じた。仙人になるために山野の薬草を採集して煎じて服用する過程で偉大な漢方薬が生まれた。

第三は「導引《どういん》」であり、汚れた気を取り除き、体を鍛錬する気功と体操と武術をさす。

現代の太極拳《たいきょくけん》、少林寺拳法、その他もろもろすべてがここから始まっている。最後の四番目は「房中《ぼうちゅう》」、すなわち性交を能《よ》くすることによって精力を補充し、長寿な仙人になることである。

中国人は長生きのために、この四種類を併用して巧《たく》みに調合させる。これはこんにちでも変わらず中国人の目標でもある。このような意味では、皇帝から庶民に至るまで中国人が渇望する仙人の夢が、こんにちの中華文明を築き上げたと指摘する人もいる。

房中術は長寿の術として利用されたが、その詳細な内容についてはあとで述べるとして、ここではまず、実際に効果がある健康法について記しておきたい。房中術家たちは特殊なやりかたで性交をすれば病気を治療できると信じた。そのうちもっとも特異な一例として七損八益《しちそんはちえき》説がある。そのルーツはとても深奥で、漢の時代の墓から出土した『天下至《てんかし》道談《どうだん》』にこのような一節がある。

八益を能く利用すれば、七損を除去することができる。耳目が聡明となり、体全体が軽くなれば、気を奮い立たすことができて、いつまでも長生きすることができる。

その後、房中術の文献には八益と七損の内容についてさらに具体的に記されている。

八益とは八種類の体位・姿勢で性交（もちろん射精をせずに）することだが、このような性交を毎日何度も実行せねばならない。数日間をひとつの治療周期と定め反復すれば、男の体は健康となり、女も婦人病を治療することができるという。七損とは性交してはならない七つの状況にもかかわらず、性交をして罹《かか》る男の身体疾患と性機能障害をいう。

疾病《しっぺい》を治療する効果的な治療法は八益のような射精をしない体位の性行為だ。すなわち毒をもって毒を制すという類の「性交によってもたらされる病は性交で治療する」という理論だ。

医学書の『医心方《いしんほう》』二八巻を読めば、女性上位の体位が出てくるが、これはまさしく現代医学で女性のオルガズム障害時にとる体位だ。

そして七損の治療方法として、男女が特定の体位や姿勢で一日に九回、一〇日間にわたって性交をすれば病は治療されるという。このように何度も反復する方法も、現代の性医学で男性の性機能障害やインポテンツを治療する療法である。

その中で、もっとも驚くべき方法は、七損のうちのひとつとして性交が過度で射精不能

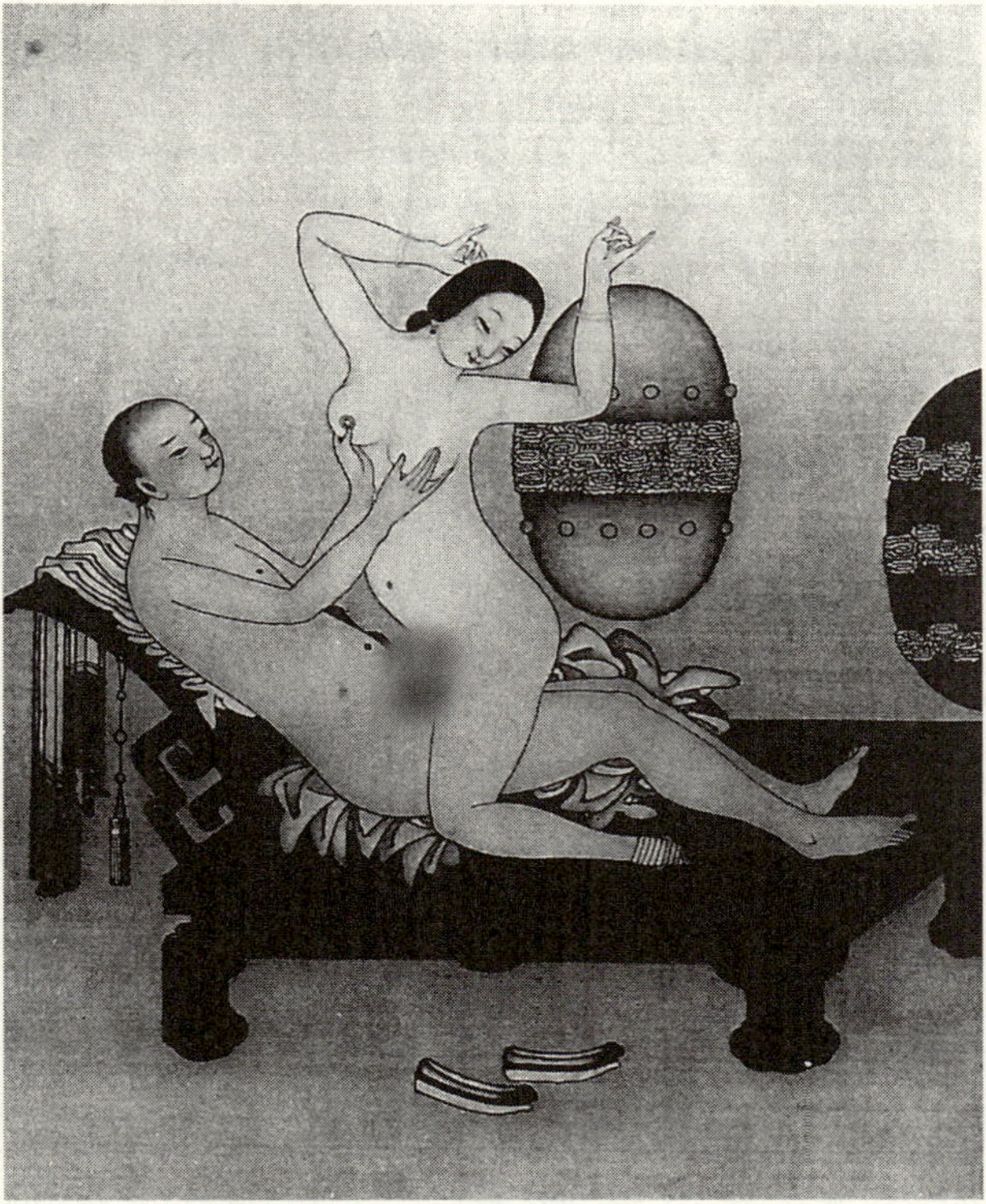

不老長寿術としてのセックス（清時代の春画）

が生じるケースの治療法だ。これは女性上位の体位で性交をして、女性が能動的に挿入をするもので、現代西洋の権威的な性医学者たちが射精不能を治療する方法である。

中国古代の房中術が長寿と健康、治療にこれほど先進的な理論を備えていたということは驚異的な事実ではないか？　ともあれ、性的満足をとおして健康と長寿を促したという点は明らかである。

「房中術《ぼうちゆうじゆつ》」という名の秘術

「房中術《ぼうちゆうじゆつ》」とは簡単にいえば、性交のテクニックである。しかし中国人には単純なテクニックではなく養生と長寿のための特殊な秘法でもある。悠久の歳月を経た中国道家たちの理論的研究と実践的体験を体系化した性医学、保健、性技術などの幅広い実践指導書と言えるだろう。

中国古代の房中術は次のような書籍に集中的に著されている。『素女秘道経《そじよひどうきよう》』『素女方《そじよほう》』『彭祖養生《ほうそようじよう》』『書房内秘術《しよぼうないひじゆつ》』『玉房秘決《ぎよくぼうひけつ》』(八巻)『神仙《しんせん》玉房秘決』『房内秘要《ぼうないひよう》』『養生要方《ようじようようほう》』(一〇巻)などだ。これらの書籍は民間に幅広く浸透して、清の時代以降、何度も禁書として取り締まられ、中国本土ではすべて消失してしまった。しかし幸いにも大部分が日本で奇蹟的に残っており、『医心方』などはその痕跡を辿《たど》ることができる。

中国古代の房中術において処方百計と見なされる効果は、ただひとつしかないと言える。それは性交時に男性が射精をしなくとも女性に性的満足を与えることだ。房中術の理論家として第一人者と呼ばれる孫思邈《そんしばく》の『千金要方《せんきんようほう》』の二七巻に、これについて核心をつく解説がある。

房中術とは一日に女一〇人と接しようとも射精しないことだ。

「接しようとも射精しない」ことがすなわち房中術の核心である。このような難しい境地にどのようにすれば到達することができるのだろうか？　中国・房中術の三つの原理を知りえたならば疑問は解けるはずだ。

まず第一は「陰陽天人感応説《いんようてんじんかんのう》」である。性交を数多くするということは天の理に適《かな》った、人生に有益なことだという意味だ。天と地が交接することと人間の男女が交合することを同じ理知として比喩し、数多く交合することが健康に益するという説を引き出したのだ。この原理や連想は古人の思想にそのまま取り入れられ、きわめて理知に適った自然の法則でもあった。もちろん現代科学の視点からみても合理的な部分は多々ある。

第二はかの有名な「采陰補陽説《さいいんほよう》」である。男性が性交時にオルガスムスに達した女性の愛液を吸収すれば長生きができて、性交時の女性の陰気が男性の陽気を高めるという理論である。『養生要方』にはその理論がそのまま著されている。

天地を見れば、万物はあらゆるものが陰陽によって調合されている。女性から陰気を摂取して男の陽気を補充すれば、神仙のように超越することができるだろう。陰気を摂取する方法は五臓を空にして三つの穴（鼻と口）を広げる。そして交接して鼻と口、性器で女の愛液を吸収する。しかし、五回以上女性の液体を吸収してはならない。陰気を飲めば口の中に甘い味がいっぱいに広がり、それがまた五臓に吸収され肉体は牽強不死身へと変わるだろう。

中国・房中術の不死術の原理は男の体内にある陽気を、女の体内から吸収した陰気で調和させ陰と陽の均衡をとることにある。それとは反対に男が陽気を抜かれることは禁物である。

第三はやはり有名な「還精補脳説《かんせいほのう》」であり、性交時に男が射精しようとする瞬間に指で射精管を押せば、精液が反対に脳の中へ流れていくというものだ。房中術で男の精液はきわめて貴重な生命の液体であり、射精はすなわち男の生気を失うことだと見なした。この馬鹿げた幻想が古代中国人には秘術だと思われていたという。

要するに中国人の道教的な房中術は、閨房《けいぼう》哲学の核心を具現している秘術であり、その秘術の中核はすなわち陰陽のバランスと「接して洩《も》らさぬ」極致にある。『養生要方』ではその極致をこのように説明している。

不老長寿の秘訣は、射精を慎重にすることにある。ときには玉茎の先が開いているために男の陽気は蓄積され、玉茎もしっかりと洗練される。女と接するとき肉体はたとえ合体したとしても、心は冷情を維持して気を保全せねばならない。

女が一度絶頂に達したとき射精しなければ、声が澄んでくる。二度絶頂に達したとき射精しなければ、肌が清らかになる。三度絶頂に達したとき射精しなければ、目と耳がよくなる。四度ならば脊椎《せきつい》と肋骨《ろっこつ》が健康になり、五度ならば尻と内ももが締まってきて、六度ならば体中の血脈、気脈が開通して、七度ならば生涯病に罹《かか》らなくなる。八度ならば寿命が長くなり、九度ならば神仙になることもできる。

房中術の理論と実践は現代でも数多くの有益な示唆を与えてくれる。閨房《けいぼう》で夫婦間の性生活にも役に立つ性的テクニックを伝授しているから、「性テクニックの教科書」として活用する価値が充分にあるはずだ。

セックスはバトルだ！

人類の歴史上最初の戦いは、男女の交合だという。中国古代・道家の房中術理論家たちが残した名言である。房中術では男女が閨房で繰り広げる性交をよく「戦争」に比喩する。

なぜ男女のセックスを戦いだというのだろうか？

前にも述べたが、中国房中術の原理によると、男女の性交は単純な結合ではなく「采陰補陽」のためのものであった。また女の立場から見れば、男の生気を摂取するための「采陽補陰」でもあった。

この対立する原理によって性交は男女間の恐ろしいゲームとして、戦争として発展した。すなわち男女間でまず先にクライマックスに到達したほうが敗北したことになり、彼、または彼女の生気が相手に吸収されて大きな損害を受けるということになるのだ。

かかる観念のもと房中術の著書（もちろん大部分が男性中心ではあるが）は、すべてが戦争用語で男女の交合を記述した。女を制覇するという意味の「御女」を「御敵」と言い換えたり、ときには女性側をあからさまに「敵手」と呼んだりもする。

したがって女がオルガズムに達すると「降伏」と描写する。そのうちもっとも興味深いのは、明の時代の房中術の書『純陽演正《じゅんようえんせい》孚《ふ》佑帝君《ゆうていくん》既《き》済真経《さいしんきょう》』である。この書はすべからく軍事用語で書かれていて、内情を知らない初心者が兵士にでもなったかのように錯覚するほどだ。

しかし戦争といういまいましい単語を使ってはいるが、結果的には男女両性の戦争を通して肉体的・精神的満足を得ることが目的である。征服しようとする男、対抗する女、この戦争の中で男女は自身の個性と性的特性を誇示する。いわば性の競争であり、人格の競争である。人生の活力と美的魅力がこの過程の中で表現され発散される。こうして男女双方はこの戦いを通して完全な調和を成すことになる。

この戦争が男女の美しい結合を表現するならば、それは美辞麗句を通して男女両性の体や性交体位、動作などを描写することで、男女両性に対する道家の賛美を表わしている。

中国の道家たちが著した房中術の書物では、男女の体やセックスを直接的に描写した例はさほど多くはない。このような内容を表現するときは中国古典の美辞麗句を並べたてることを好むのだ。

男女の性器を描写するときも、常に「玉《ぎょく》」の字を前につけて、「玉門」「玉茎」「玉液」などという。交合を描写するにも「品《ひん》玉」「魚《ぎょ》比《ひ》目《もく》（魚が目を合わせて秋波を送る）」「龍《りゅう》宛《えん》転《てん》（龍が体をねじる）」などの描写で美化をする。

ともあれ中国の房中術家たちが戦いと比喩するほど、男女の交合は重要であり、不老長寿の競争でもあった。房中術のこのような男女戦争は中国のエロス文学に数限りなく登場する。

『昭《しょう》陽《よう》趣《しゅ》史《し》』は趙飛燕・趙合徳姉妹を主人公にした好色小説として有名だ。小説の中で趙飛燕・合徳姉妹が燕《つばめ》の妖精と狐《きつね》の妖精に化けて、深山の中で修行する場面が出てくる。二人の妖精は自らの利益を勝ち取るために、ひとりは真陰を、もうひとりは真陽を吸収しようと百計をめぐらせる。そして各々が美男美女に化けて、青春男女のセックス戦争を繰り広げるのだが、結局、燕の妖精が狐の妖精に陽気を奪われてしまう。怒った燕の妖精は刃を持って狐の妖精に新たな戦いを挑む。閨房の中での戦争が山の中で、刃が光る本当の戦争に変わってしまったのである。

官職が上がれば逸物も大きくなる!?

諧謔《かいぎゃく》に満ちた中国の書『笑府《しょうふ》』に、このような話がある。

昇進したある官吏が大喜びで家に帰って妻に言った。

「おまえ、わしの官職がまた上がったぞ！」

しかし、妻は興味なさそうに答えた。

「官職が上がれば、あんたの逸物も大物になるとでもいうの？」

「ああおまえ、とにかくわしのものが大きくなれば、おまえのものだって大きくなるじゃないか」

二人の理想はまったく一致しない。『笑府』にはまたこんな笑い話がある。

亭主が女房に草履《ぞうり》を作るように頼んだ。ところが草履は小さすぎて足が入らず、亭主はかんかんになって怒った。

「おまえは小さいはずのものが大きくて、大きいはずのものが小さいとは、いったいどういうことだ、ええ?」

すると女房が答えた。

「あんたは大きいはずのものが小さくて、小さくていい足が大きいだけじゃないの?」

男女の性器の善《よ》し悪《あ》しに関する笑い話だ。中国には古代から男女の性器を評する「五好《ごこう》五不好《ごふこう》」という基準があったと伝えられている。まずは女のほうから見てみよう。女の場合は「緊《きん》」・「暖《だん》」・「香《こう》」・「乾《かん》」・「浅《せん》」、この五つの文字で名器の条件を表わしている。

「緊」―膣《ちつ》が狭くて緊張していること

「暖」―膣の中が暖かいこと

「香」―クンニリングスをしたときに芳《かぐわ》しい香りがすること

「乾」―性器が乾燥して清潔なこと

「浅」―膣の長さが短くて直接、子宮に到達すること

名器とは反対に粗器は「寛《かん》」・「寒《かん》」・「臭《しゅう》」・「湿《しつ》」・「深《しん》」、この五文字で表わされる。

ならば男の条件とはどのようなものだろうか？「大《だい》」・「硬《こう》」・「渾《こん》」・「堅《けん》」・「久《きゅう》」、この五文字が女が好む男の名器だという。順に従ってその意味を解けば、大きくて、硬くて、長くて、丈夫で、持続力が強くなければならないということだ。これとは正反対の良くない性器は「小《しょう》」・「軟《なん》」・「短《たん》」・「尖《せん》」・「彎《わん》」、すなわち小さくて、軟らかくて、短くて、細くて、曲がっているものをいう。

女の名器は先の五条件でいいけれど、男は大きくて持続力がある逸物だけでは充分ではない。女を満足させるにはさらに五つの条件が必要だからだ。それは「潘《はん》」・「驢《ろ》」・「鄧《とう》」・「小《しょう》」・「閑《かん》」である。これはどういう意味だろうか？　明の時代の有名な好色小説『金瓶梅』を読めば、王《おう》老婆が妖婦・潘金蓮《はんきんれん》と好色な西門慶《さいもんけい》をくっつけるとき並べ立てる長い説明が出てくる。

「潘」は、美貌の士大夫として名声を轟かせた晋《しん》の国の潘岳《はんがく》のように格好よくなければならないという意味だ。潘岳はありあまる才能を備えた美男であったため、車に乗って外出

するとを思慕する女たちが彼に向かって投げた果物で、車がびっしりといっぱいになってしまったという逸話が伝えられている。いまでも中国では「潘郎《はんろう》之貌《かお》」といえば、美男子の代名詞である。

「驢」は、ロバや馬を意味する。女を満足させるには、男の性器がロバや馬並みに巨大でなくてはならないと比喩した言葉だ。

「鄧」は、漢の時代の富豪・鄧通《とうつう》のことを指すが、女を泣かせる男の必須条件でもある。鄧通は前漢時代、文《ぶん》帝の重用と寵愛を満喫した忠臣であり、酒造権を握って莫大な財産を築いた大物であった。つまり、金がなくては女はついてはこないという意味だ。

そして「小」と「閑」は、文字どおり細心で忍耐力があって暇でなくてはならないということだ。「小」は細心に繊細に迂闊《うかつ》に行動するよりも前後をよく推し量って行動せよという意味で、「閑」は時間的余裕があってこそ女を誘惑できるという意味である。

この五つの条件を具備した男であれば、いかに貞淑な人妻や烈女であろうとも陥落してしまうという。つまりこの五文字は好男子の条件でもあるわけだ。

現代女性は配偶者を選択するとき、「三高（高学歴・高所得・高身長）」を条件に掲げるが、古代中国の女性の要求と比べてみても大差はない。時代は変わろうとも、男女の基本的な条件は変わることがないのだろうか？

見ていいものと、やっていいもの

古代中国の性文化では女性の美に対して、さまざまに整理された基準が数多くある。きわめて詳細で具体的に羅列しており、その中にはほとんど価値のないくだらないものもたくさんあるが、逆説的に見ればそれだけ中国好色文化の発達性を垣間《かいま》見ることができる。

中国好色の伝統は「見ていい女」と「やっていい女」の二つに分類される。『肉蒲団』を著した文人・李笠翁《りりゅうおう》（李漁《りぎょ》）は、総じて女は見ていい場合とやっていい場合があるとして、見ていい女が必ずしもやっていい女ではないと言った。同様にやっていい女が必ずしも見ていい女だとは言い難いという。すなわち女はそれなりに長所短所を持っているという意味だ。それではいかにして判断できるのだろうか？

まず「見ていい女」。痩《や》せてるほうが太っているよりよくて、小柄なほうが大柄よりもいい。しかし、価値観が異なるこんにちでは概して長身の女を好む傾向が強い。優雅なほうがよくて、剛健なのはよくない。

次に「やっていい女」。太って大柄なほうが痩せて小柄な女よりもいい。そして剛健なほうがよくて、優雅な女はだめだ。古代中国の好色小説にも、見ていい女とやっていい女が夥《おびただ》しく登場する。それらをしばし見てみよう。『金瓶梅』では見ていい美人、潘金蓮の美しく恍惚とした姿をこのように描写している。

艶《つや》やかな鴉《からす》の濡れ羽色の髪、三日月のごとく愛らしい眉《まゆ》、杏《あんず》の実のごとく円《まる》くて美しい瞳、芳しい香りの桜桃のごとく紅の唇、すんなりと聳《そび》える玉を彫ったかのような鼻、柔らかな薄紅に染まった頰、愛嬌たっぷりの銀の盆のような顔、しなやかな花びらのような体つき、葱《ねぎ》のようにすんなりとした玉のごとくきれいな手、柳の枝のごとくなよなよとした腰、柔らかく白い腹、小さく尖った足、ふくよかな胸、白い肌、そのほかにも……。

容貌の描写をみると、現代の美人の基準としても遜色《そんしよく》ない。中国人の柳の枝のようにすらりとしなやかな「見ていい女」の代表的美人は、漢の時代の趙飛燕であり、「やっていい女」の代表的美人はふくよかな絶世の美人、唐の国の楊貴妃である。

やっていい女の基準にはどのようなものがあるのだろうか?『黄帝内経《こうていないきよう》』に入相女《いりあい》が登場するが、入相とは男が性器を挿入したときに手助けをしてくれる女という意味で、

「やっていいこと」にちょうどぴったりだ。皇帝が素女に入相女の条件は何かと尋ねると、素女は次のように答えたという。

入相女は根が善良で、声に艶があって黒髪は濡れたような光沢があり、柔らかい肌に骨はか細く、背丈《せたけ》は大きからず小さからず、肉づきも痩せていてはなりません。そして下半身が長く股が上に反りあがっていて、陰部には毛がなく愛液が溢《あふ》れていなくてはなりません。齢は二五から三〇歳までで、子どもを産んだことのない女でなくてはなりません。さすればまぐわうとき愛液がたっぷりと滲《にじ》み出てきて、体中が揺れ動き我慢することができません。体中に汗が雨のごとく流れ男の虜《とりこ》となり、すべてされるがままになってしまいます。

まだございます。まっしろな肌に指は玉手のごとくすらりとか細く、足には少し肉がついていて、恥部には毛がなく柔らかさは綿のごとくあらねばならず、陰部は油のごとくすべすべとしていなくてはなりません。

現代女性は陰部の無毛症で悩んだ末に手術で植毛までする状況だが、古代中国では入相女の条件として無毛は必須条件のひとつであった。経産婦ではなく処女を好むこともやはり一理があるように思える。

入相女の反対の悪い女を判断するには「女の五病」というのがある。『玄美審人《けんびしんじん》』『相逢《そうほう》丹結《たんけつ》』という書物では五病をこのように記述している。

第一に、恥骨が異常に発達している女
第二に、体から臭いがする女
第三に、月経のない女
第四に、肌が荒れていて男の声を出す女
第五に、髪に艶のない女

要するに「やっていいこと」という理論的な女性判断法は、中国好色文化の一端を垣間見る好例として受け取ればいいのだ。それをぴったりふさわしい原理だと錯覚してはならないことは言うまでもない。

第五章
エロスの近代

近代中国の美人画（中華民国時代の広告）

中国版『キンゼイレポート』

中国のエロス文化史を振り返ると、清と中華民国の時代に至って精神的禁欲主義が全社会に浸透し、性を醜悪なものとしてタブー視する雰囲気が形成された。しかし、禁欲主義性文化の緊張した空気の中でも衝撃を与えた人物たちが近代に現われた。

そのうちのひとりは魯迅《ろじん》の弟で有名な文人の周作人《しゅうさくじん》であり、もうひとりは海外ではあまねく知られているものの中国ではさほど知られていない張競生《ちょうきょうせい》である。

張競生はフランスで博士号を取得したのち、一九二〇年代に帰国して性学講座を開設した。北京大学で当時西欧の中産階級さえも白眼視していた性行為と生理的機能に関する講義をしたのである。その後、彼は大学生七名の体験を収集した著書『性史《せいし》』を出版した。近代中国版『キンゼイレポート』と呼ばれる『性史』一巻で、彼はひどい侮辱を受けることになる。インテリたちは狂った奴だと集中的に攻撃して、北京大学を首になる。

そうして張競生は浙江《せっこう》省に行って講義をするのだが、再び軍閥に逮捕され追放される。海外では彼が自殺したものと思われていたが、最近の情報によると、災いを避けて故郷に戻って郷村教育に従事したことが明らかになった。彼は一九七二年に病死したという。

それほどまでにセンセーションを巻きおこした『性史』は、現在日本語をはじめとしてさまざまな外国語に翻訳・出版され、中国近代の性を理解する重要資料として注目を浴びている。『性史』がはたしていかなる内容の著書なのかを探るために、その一節をご紹介しよう。この文章は、「海客《かいきやく》」というペンネームで日本に留学した中国人学生が書いた体験レポートだ。

中華民国七年、すなわち一九一八年にわたしは上海から船に乗って日本の神戸へと旅立った。日本に到着後、東京の神田にある留学生がたくさん泊まる旅館に荷をほどいてから、日本の風俗をあれこれと観察した。家屋は紙と木、竹で構成され、まるで鶏小屋のように思えた。

しかし、家の中はとても清潔であった。中国では旅館や家の下人はたいてい男だが、日本は妙齢の女であったため、なかなか気が鎮まらなかった。わたしは「男女七歳にして席を同じうせず」という儒教の教えを中国で受けてきたためだ。しかし、彼女たちと拙《つたな》い日本語で話を交《か》わしたのは楽しかった。

日本人は風呂を好み、毎朝のように入浴する。したがって家ごとに風呂場が備わっている。最初わたしは風呂に入ることは煩《わずら》わしかったが、混浴で下女もともに入浴することを知ってからは風呂が大好きになった。

風呂の中で二人の下女が素裸のままで、豊満な体を洗っていた。わたしは平静を装って横で体を洗いながら、彼女たちをちらっと見た。彼女たちは背はふつうぐらいで、体つきもさほど大きくはなかったが、どういうわけか手足は小さく見えた。

しかしボリュームのある白い肌はすべすべとして艶《つや》があり、非常に魅力的だった。山の峰のように豊満な乳房は、まるでケーキのように円《まる》く柔らかく見えた。腰から下の尻は豊満なばかりか弾力がありそうだった。美しさの極致はへその下のヴィーナスの丘であり、あらわとなっている白い部分とその間に生じた隙間の鮮明な赤い色は、あまりにも愛らしかった。

いくら道徳君子であっても、これを見て欲情がこみあげないはずはないから、当然わたしのような好色家はただちに魅惑されてしまった。わたしは瞬間的に正常心を失ったまま、女に抱きつこうと駆け寄った。ふだんから顔見知りのある日本人の女は貞操観念が全然ないように見えたから、わたしは大胆にも彼女に抱きついた。すると隣の女が慌てて逃げだした。風呂場に残った彼女とわたしはたがいに抱きしめあった。

引用が長くなるのでこの後は要約しよう。

女が風呂場では困るというので二人はその夜、会うことを約束する。真夜中に彼の部屋にやってきたレンコ（女の名前）は、彼の性器を握って自分の玉門にあてがって入れるなど大胆なこと、このうえなかった。

ちなみに彼はそのときが日本の女との初体験だったが、日本の女の玉門は中国の女よりも狭くて気持ちよかったという。中国留学生はこのように下宿屋の下女と情を通じる者が数多くいて、その中には帰国するときに女を連れて帰り、正式な妻として迎える者もいたという。

日本の女は「昼は淑女、夜は娼婦」という男の理想像だから、中国では一九二〇～三〇年代に次のような名言が誕生した。

「妻は日本人、愛人はフランス人、コックは中国人、家はアメリカの家」

これもやはり留学生が作った言葉だそうだ。『性史』は性経験を赤裸々に告白した報告書として、近代中国人の性文化を理解する重要な糸口となる。近代中国の『キンゼイレポート』と呼ばれる理由がまさしくここにあるのだ。

一九二〇年代にあったヌードデモ

一九一一年十月、中国の歴史上画期的な一ページを飾ることとなる銃声があがった。まさしく武昌《ぶしょう》で勃発した辛亥《しんがい》革命の銃声である。辛亥革命は閉鎖と独裁で固定された中国封建文化の枠《わく》を壊す革命として偉大な業績を残したが、そのなかでも男女平等の旗印を中国大陸の上空に高々と掲げたことは特筆に値する。

もし辛亥革命がなければ、一九一六年の新文化運動と一九一九年に世界を揺るがせた五・四運動もなかったはずだ。

一九一六年、中国文化運動の主唱者と呼ばれる陳独秀《ちんどくしゅう》、胡適《こてき》、魯迅《ろじん》、蔡元培《さいげんばい》などが発起した新文化運動は封建文化、すなわち儒教を核とする礼教に対し集中攻撃を繰り広げた。彼らは雑誌『新青年《しんせいねん》』を舞台として、民主と科学を核とする新興西洋文明の理念を掲げた。五・四運動は救国運動であったばかりでなく、民主と科学の啓蒙運動であると同時に女性解放運動でもあった。

一九一九年秋、中国の最高学府・北京大学で史上初めて「女性は受け入れない」という学則を撤回して女学生を募集した。引き続き、数多くの大学が北京大学に倣《なら》って男女共学制に踏み切った。

そしてもっとも先進的で聡明な一部女性エリートたちは、男性と自由に接触する機会をもつようになり、「男女不等式」の鎖から放たれて、男女平等への道を切り開いていくこととなった。女性解放という画期的な時代の幕開けであった。

一九二〇年代に国共内戦が勃発すると、数多くの若い女性が進歩的な救国行動に投身して、軍隊へ入隊するのはもちろん、政治の舞台などさまざまな分野で頭角を現わし始めた。

南京政府では女性も男性と同様に遺産継承権があると頒布《はんぷ》され、自由に離婚を提起できて、男性と同等な権利を享有できるとした。法的・社会的に女性の独立的人格を認めたのだ。

漢《かん》の班昭《はんしょう》の時代から、女性の体をきつく締めてきた「三忠四徳《さんちゆうしとく》」の鉄鎖が壊れ始めた。数々の大都市を皮切りに、青春男女が自由奔放に接触し、恋愛し同居して、また自由に結婚・離婚することができる風潮の中で性革命の風は盛んに吹き荒れた。

このへんで具体的な事例をもとに女性解放の一端をのぞいてみよう。

一九二六年、中国近代の代表的な画家である劉海粟《りゅうかいそう》教授が上海美術専門学校で史上最初にヌードモデルを立てた。上海はもちろんのこと全中国がとんでもない騒ぎとなった。

「いったいどうして、こんな馬鹿げたことを!」と上海市当局と各界の名士たちがしゃしゃり出て中止させようと躍起になった。しかし当の劉画伯は、いささかも譲歩することなく受けて立った。当時の軍元帥・孫伝芳《そんでんほう》にまで報告され孫元帥が直接弾圧したものの、劉画伯はこれにも屈伏はしなかった。

その波紋は全国に広がり、中国マスコミが蜂の巣をつついたようになり、結局、全国的支持に圧され孫伝芳もお手上げになってしまった。そのときから中国の美術大学で授業用のヌードモデルを正式に採用することになったのだ。

歴史のベールに覆われてあまり知られていない、もうひとつの奇抜なエピソードがある。一九二七年武漢《ぶかん》で起こったことだが、北伐《ほくばつ》軍の入城を歓迎するヌードデモ行進があった。若い女性数十名が隊列を作り、裸になって五色旗を掲げて北伐軍を歓迎したのであった。当時の政府と国民党、共産党は恥ずかしさゆえか、この事実をいまでも公開していない。

女性ヌードモデルが公《おおやけ》に大学の教室に登場し、集団ヌードデモンストレーションまで白日の下に起こる中国の女性解放は、汲《く》めども尽きない女性の悲願であった。

近代中国における名士たちの恋愛革命

五・四運動とその勃発を招いた新文化運動は、中国近代文化史に華麗な一ページを飾っている。

陳独秀、胡適、李大釗《りたいしょう》、魯迅など文化の巨匠たちが率いた新文化運動は、儒教を伝統とする鉄の桶のような封建文化と、個性と人間性を抹殺することで「人を捕って食らう」封建礼教に鋭い批判のメスを入れた。

そして女性を締めつけてきた封建文化思想を批判して、女性解放問題、貞操問題、婚姻問題などに対する新しい答案と、中国人が進むべき方向を指し示した。

ならば、理論的に新しい革命を起こした彼らの実生活での行動はどのようなものだったか？　魯迅、胡適、徐志摩《じょしま》、郁達夫《いくたつふ》らを通して、その内情をのぞいてみることにしよう。

まず新文化運動のトップランナーとして性自然観を主張した魯迅。魯迅は、誰のこともまったく褒《ほ》めたことのない毛沢東ですら「偉大なる文学家、思想家、革命家であり民族の英雄」と絶賛したほどの文人であり、国民的作家でもある。

魯迅の性愛観念は彼の小説と新聞、雑文などの文章によく表われている。彼は中国儒教の害、すなわち朱子学の禁欲主義を中心とした性原罪観、性独占観、性不潔観に反対して生物科学を核とした性自然観を提唱して、人間の自由な発展と個性の開放を主張した。

彼は中国儒教の虚礼意識と烈女、貞操観を徹底的に批判して、自由な恋愛と個性、女性解放を鼓吹した。彼は自身も人間である以上「喧嘩《けんか》をして休んで食べて糞を垂《た》れ、もちろん性交もする」と言うほど、愛情の自由を表現したインテリであった。

彼は家で決められた朱安《しゅあん》という名の妻がいたが、自由な愛情を渇望して一七歳年下の女学生・許広平《きょこうへい》と再婚した。北京にいるときは、ひとつ屋根の下に朱安とともに暮らし、そればかりか従姉妹の琴姑《チンクー》とも愛情関係があったという。このようにもつれ入り乱れた複雑な女性関係を通して彼の自由な恋愛思想をうかがい知ることができる。

四人の愛人を作った胡適。胡適は二五歳のときに北京大学教授となったエリートの中のエリート学者である。白話《はくわ》小説、すなわち現代語で小説を書くことを提唱した文化革新家・学者として国内外に名声を轟かせた。また彼は風流学者でもあった。

彼は、生涯に五人の女性（母親と四人の愛人）との感情の葛藤に苛《さいな》まれながら生きた文化人であった。中国近代文化史の「七大不思議」のうちのひとつは、彼が田舎の纏足女性と結婚したということだ。西洋で博士号まで取得した彼が、田舎の無知な女性と結婚したという事実はいまでも世人を驚嘆させる。

遠い親戚筋にあたる曹佩声《そうはいせい》との不倫、アメリカ人女性E・クリフォード・ウィリアムズ、作家・陳衡哲《ちんこうてつ》女史との愛情は彼の生とは切り離すことのできない恋であった。しかし恋愛革命は成就したものの、離婚革命に失敗したのもやはり胡適であった。

五・四運動当時有名なインテリ、文化人の中で離婚しなかった人は胡適と林語堂《りんごどう》だけだという。それで胡適の死後、蔣介石《しょうかいせき》は挽歌にこのように綴《つづ》った。

新文化の中で古い道徳の模範
古い倫理の中で新思想の師匠

不倫の愛を成功させた徐志摩。彼は中国近代文学で叙情詩の第一人者として一世を風靡《ふうび》した才能ある詩人であった。愛情生活では風流と趣《おもむき》に溢《あふ》れた独自の心琴を響かせ、世間を騒がせた。

彼は最初の夫人である張《ちょう》氏と結婚したのちにも、林徽音《りんきいん》という若い女性に片思いをして、のちには北京社交界の華と呼ばれた陸小曼《りくしょうまん》（人妻であった）と不倫の末に結婚する。自身の天衣無縫《てんいむほう》な愛情詩のように短い一生を自由奔放に生きた詩人として、中国人の心の中に残っている。

何人もの女性と同棲した郁達夫。郁達夫は性愛小説『沈倫《ちんりん》』の作家として有名で、『沈倫』は政府によって淫乱書籍として販売禁止にされたりもした。

彼は孫《そん》氏夫人、美貌の王映霞《おうえいか》、李《り》氏、何麗有《かれいゆう》など幾人もの女性と複雑な関係の中で恋に落ちては、結婚したり同棲したりした。日本に留学経験のある郁達夫は南アジアで文人と革命運動家として活動して、日本の憲兵に逮捕され殺害された。

自由奔放な愛と個性を渇望して中国文化人たちが起こした恋愛革命は、中国文化史の一ページとして刻まれているのだ。

新中国の歪曲《わいきょく》された性文明

一九四九年十月一日、毛沢東率いる中華人民共和国が建国された。大陸ではこれを通称「新中国」と呼ぶ。一九五〇年代を中心にして中国大陸の性文明を探ってみることにしよう。新中国が建設される前の一九三〇年代から中国大陸では女性解放の思潮と同時に、性を淫乱としてみる社会的現象が一世を風靡した。

「文明」に対する認識も新しく台頭し、それに類する単語として「進歩」「革命」「先進」

纏足した女性たち（清時代の写真）

「新生」などがあり、それに対立するものを「落伍」「後進」「反動」「腐敗」「カス」などと称した。その文明の中で性に関する内容は次のようなものだ。

○性は男女間の関係、同性愛は醜悪なものだ。
○若くて健康であること。あまりに幼くても、あまりに年老いてもならない。
○一夫一妻制。妾《めかけ》を囲ったり不倫の情事をすることは罪悪である。
○正直なこと。さもなければ変態か異常者である。
○言葉で伝達できないこと。さもなければ煽情《せんじょう》的なものとして禁止せねばならない。
○最終目的は子孫を産んで育てるためである。性的刺激や満足を追求することは頽廃《たいはい》的で堕落《だらく》した行ないだ。

このような性文明の価値基準は中国人の心を浄化させ、中国人の普遍的な性文明として定着し始めた。これを庶民たちは正直なものだといい、インテリたちは教養だといった。

このときから中国人は、自分が知らなかったり容認できない具体的な体位や動作、たとえばキスから性的な刺激、視覚と行為、前戯、文学作品、芸術までをも「獣《けもの》」「禽獣《きんじゅう》のような行為」「犬畜生《ちくしょう》にも劣る」ものだと蔑視《べっし》した。

かかる性文明意識が、新中国人の引き継いできた文化遺産であった。そして中国大陸の性文明は開放と禁忌《きんき》の二極化へと突っ走った。

いっぽう、女性解放を鼓吹して女性の社会進出を激励するばかりでなく、法的にも男女平等を保障した。一九五〇年代から女性が社会に進出して職業を持つブームが起き、それが東洋では最初に定着した。

しかし女性解放運動とともに、男女の自由な接触は必ず淫乱を呼び起こすとして、政府は性じたいを厳しく統制した。売春と娼婦、賭博禁止が新中国建国初期に大陸を席巻した。その結果、娼婦が根絶され私娼が消え去り、性病も根絶したという「神話」が中国大陸に流布した。

性はきわめて個人的な問題にもかかわらず、国で管理統制する公的なものとなってしまった。一九五〇年代の中国人にとって政治と性は不可分の統一体となり、当時の性文明を逸脱した愛はすべて政治錯誤に該当した。こんな実例がある。

竹馬の友として育った少年少女がいた。彼らは幼いころ天安門広場で毛沢東に花を捧げた経験があった。成長して同じ大学に入学した彼らは、自然と大学のキャンパスで愛を分かちあう間柄となった。しかし、彼らの愛は学校と家庭から「資産階級趣味」という口実で非難を受けた。それればかりか、彼ら自身も「わたしたちは何か錯誤を犯したようだ」という深い苦悩に陥った。

そのころ中国で「男女関係」という言葉は、うわついた気持ちがあり汚《けが》らわしいというニュアンスのある通用語となってしまった。そして、性を醜く未開な概念としてとらえ、口にするのも憚《はばか》った一九三〇年代の雰囲気が一九五〇年代に再現されたのである。

文学作品でも性をきまり悪く、気恥ずかしい忌避の対象としてしまった。そうして結果的に文化大革命という人類文化史上最大に馬鹿げた醜劇を演出して、とうとう中国人は「無性」の時代に足を踏み入れたのであった。

強姦魔たち

「無性時代」と言われた当時、革命とイデオロギーの足枷《かせ》によって庶民の手と心の自由を剝奪《はくだつ》したまま、中国社会を牛耳《ぎゅうじ》った高位高官たちは、暗々裏にありとあらゆる性戯を弄《もてあそ》び奢侈《しゃし》と放蕩《ほうとう》の限りを尽くした。

林彪《りんぴょう》の息子や毛沢東夫人の江青《こうせい》は、西洋から輸入されたポルノビデオと映画を観て楽しみ、四人組のひとりである張春橋《ちょうしゅんきょう》も、長い夜の寂寞《せきばく》感を慰めるために上海に電話をかけて若くて美しい女秘書を事務室に呼び寄せた。

男に耽溺《たんでき》した江青に関するエピソードが、民間人たちの間でどろどろとした猥談《わいだん》として伝えられていることは、単なる口伝えや噂ばかりではないはずだ。「英雄色を好む」のだから、大物のあとには常にスキャンダルがつきまとうものだ。

林彪と夫人の葉群《ようぐん》が息子の嫁を物色するために、専門グループを集めて美人狩りのため全国を隅々まで調べあげたことは周知の事実である。その嫁の条件を一部だけだが見てみよう。


年齢は一六歳から二〇歳の間で、背は一六〇～一六五センチ。太っても痩せてもいないこと。柳の葉のような眉毛に美しい二重瞼《まぶた》。鼻筋がすっと立っていて大きくも小さくもなく、鼻の穴が丸見えではないこと。口は小さくなくてはならず、歯は白く清潔で歯並びがきれいに揃っていなくてはならない。肌は白く柔らかで艶《つや》がなくてはならない。皺《しわ》があってはだめで、髪の毛は麻束のようにふさふさと長く黒くて潤《うるお》いがなくてはならない。等々である。

まるで、中国古典の美人基準をそのまま書き写したかのようだ。その美人選抜によって、数多くの無辜《むこ》の庶民の善良な娘たちが貢ぎ物として捧げられるスケープゴートになったという事実は、いまさら言うまでもない。

革命の渦中で紅衛兵《こうえいへい》運動のエピローグと呼ばれ、中国大陸を震撼させた「知識青年の下《か》放《ほう》運動」はイデオロギーのために徹底的に利用され、性的統制によって女性・青年・学生が多大な被害を被《こうむ》った。若き青春の男女たちは父母兄弟から遠く離れた山間や田舎で、性的欲望の飢えと苦悩を経験せざるをえなかったいっぽうで、夥《おびただ》しい数の若い女性たちが知識青年管理者によってさまざまな性的悪戯と姦淫の被害に遭《あ》わねばならなかった。

次のような気が滅入る事実がある。中国北方地域のある田舎に下放した女学生Aが、村の班長から姦淫され、それを村長に告発した。その結果、なんと村長と村の幹部たちに輪姦されるという目に遭った。Aが憤りを抑えて郷に再び告発すると、なんと郷の幹部もやはり姦淫してきた。今度は県に訴えたが、またまた県の幹部からも悲惨な目に遭わされた。北京《ぺきん》に帰ったAが自身のコネクションを利用して告発に成功したことで、この事実が初めて中央から注目されるに至った。

この事件を契機に全国的に調査をした結果、かかる事例は日常茶飯事であることがわかった。一九八〇年代初期に逮捕され死刑に処された強姦魔が、なんと数万名にも及んだという。中国南方の雲南《うんなん》省生産建設兵団で起こった強姦事件は、肝を冷やすほど壮絶なものであった。

ある独立師団の教導員・張少山《ちょうしょうざん》は二年間職権を濫用して女学生二〇名を強姦したが、性的な悪戯をした数は数百名を超えた。一師二団六連の連長・張国陽《ちょうこくよう》は三年間に女学生九〇名以上を強姦し、四師一八団衛生隊長・宋《そう》某は女学生十一名を強姦したが、それは衛生隊の女学生の半分に当たる。四師一八団指導員・李《り》某が姦淫、悪戯をした女性知識青年は一五名にもなる。そして一〇団司令部参謀・蘇《そ》某は欺瞞《ぎまん》と脅迫という手段で男性知識青年二〇名と同性愛の関係をもった。

以上は「雲南生産建設兵団第三次会議略報」から抜粋した内容だ。

仮に正確な統計ではないとしても「国務院青年辦《べん》公室略報・第十一期」には、女学生を強姦した事件は、黒龍江《こくりゅうこう》省で二六五件、内蒙古《うちもうこ》で二四七件、雲南で一三九件だと記されている。

しかしこれらの統計は強姦事件全体の氷山の一角にすぎない。『中国知識青年の夢』というノンフィクションには、このような強姦事件を深層的に扱っているが、この本を読んで涙を流さない人はいないとまで言われている。

当時、このように醜悪な性的暴行がイデオロギーによって横行すれば、社会では青春男女のもっとも基本的な恋愛すらも罪悪視し、抑圧した。

上海であったエピソードだ。ある青年がふだんから憧れていた女性に愛情溢れたラブレターを送った。ところがその女性は激怒し、「これは革命精神に反する性戯弄《ぎろう》行為だ」と上司に告発してそのラブレターまで渡した。いま考えると滑稽《こっけい》きわまりないことだが、当時このような行動は「革命行動」として普遍化されていた。

指導部ではそのラブレターを「反動資産階級恋書」としてその青年を尋問したが、青年の答えはこうだった。

「そうではありません。わたしは、革命の首領であられるカール・マルクスが夫人に愛を告白するときに書いたラブレターをそのまま写しただけです」

指導部が「反動恋書」だと判定したラブレターが、革命の首領マルクスのものだとは……。

わたしが中学校に通っていた一九七〇年代末ですら、女学生にラブレターを書いて罪となり退学させられた友人が二人いた。彼らもやはり、時代のスケープゴートに違いない。

文盲と性盲

中国一三億の人口のうち、文盲が占める比率は世界最高の水準にある。九億人が農民だから、中国の文盲率が高いことは納得がいくが、人口の四分の一にあたる三億人あまりが文盲である。自然に無知である人が多くて、衛生的に普遍化された歯磨きすらも六億人はしないという統計が最近、中国の新聞に公式発表された。国民の半分は歯磨きをしないということだ。

このように文盲が多いかと思えば、性に関して真っ暗な性盲もそれに劣らず多いのが、こんにちの中国の状況だ。いったいどういうことになるのだろうか?

中原《ちゆうげん》の地でもっとも大きな総合病院で、実際にあったことだ。産婦人科に田舎からある若夫婦がやってきた。産婦人科のドアのところにひとりの老人がしゃがみこんで、不安そうな様子で産婦人科をちらっちらっと見ていた。まさに青年の父親だった。

Yという青年とGという女性が結婚してすでに五年が経つというのに、いまだにおめでたの報せ《しら》がなかった。それで父親が秋の収穫を終えて金を手に入れてから、息子の嫁を連れて一番大きな病院で診察を受けさせようとやってきたのであった。田舎でも二年間、八方手を尽くし漢方薬を飲んだり病院に足繁く通ったが、効果はなかった。

老人は、嫁の診察状況を注意深く見守っていた。担当医師が診察室に彼女を案内した。しばらくして医師が笑いを堪《こら》えながら出てきた。ばつが悪そうに照れ笑いをしながらGも出てきた。

医師は夫のYを呼んで尋ねた。

「いったいぜんたい、どうなってるんだ?」

「どういうことですか?」

Yは慌てた様子だった。

「どうもこうもあるもんか。きみの奥さんは、まだ処女じゃないか!」

Yがまだ問題の核心を理解できないようなので、医師は単刀直入に説明した。

「処女がどうして妊娠できるっていうんだ?」

Yは穴があったら入りたかった。

あろうことかYは妻の尿道に挿入していたのであった。医師は妻を診察し、ひどい状態になっている尿道を見て、よくその痛みに耐えたものだと舌を巻いた。しばらくして妻は妊娠した。妻は笑いながら「あんたったら、馬鹿は馬鹿でもふつうの馬鹿じゃないわね！」とからかったそうだ。

文盲の農夫だからこのような無知蒙昧《むちもうまい》なこともありうるのかと思ったが、インテリ、文化人たちの中にもこのような性盲の話はいくらでもある。

中国南方のある大都市に、夫が化学研究所の研究員で妻は中学校の教師の若夫婦がいた。ところが結婚後、何年経っても妊娠しないので病院に診察を受けにきた。

医師がさまざまな精密検査と診察をしてみても、夫婦二人とも正常で妊娠しない理由はまったくない。訝《いぶか》しく思った医師が二人を呼んで性生活について根掘り葉掘り問いただした。

夫婦の話を聞いた医師は驚きのあまり声を失った。性についていくら無知だとはいっても、こんなケースは初耳だった。彼らはひとつのふとんの中でたがいに抱き合って寝さえすれば子どもができるとばかり思っていたのだ。

「本にはただ『寝る』って書いてあるじゃないですか」

夫婦は目を円《まる》くした。医師が「寝る」という意味を、詳しく実際の行為として説明すると、彼らは顔を赤らめ、わかったと言って家に帰った。

数日後、この夫婦が再び医師のもとにやってきて、数日間の生活の報告と疑問を投げかけてきた。医師がじっと聞いていると、彼らはあいかわらず「寝る」という意味をいまだ完全に理解できずにいるではないか！

医師はかろうじて笑いを堪え、身振り手振りに図解までして、微に入り細をうがち詳細に説明をした。

「ああ、そういうことだったんですか！」

夫は新大陸でも発見したかのように喜んだ。その後しばらくして、夫婦は念願の子宝に恵まれた。

四〇〇〇年の文明大国・中国、好色文化を花咲かせた中国の地に、このような性盲がいるということはにわかには信じがたい話かもしれない。しかし文盲ばかりでなく、性盲も夥《おびただ》しく存在しているのが現在の中国の真の姿である。

醜悪な性風俗

男性優越主義の儒教風土の中で「多子多福《たしたふく》」「多妻多子《たさいたし》」のような価値観は、数多くの醜悪な性風俗を生み出してきた。

一夫多妻制の所産である納妾《のうしょう》制度は、男性の性的満足と新しもの好きの心理的性向を満足させるのに充分なばかりでなく、男性の地位と財産を象徴する尺度にもなった。妻に育児能力がなければ（多くは男性とも関連するが）、夫が妾を囲うことは当然の理であったのは、近代まで生きていた習俗だ。このような納妾制度が改革・開放を謳歌するこんにちの中国で、一部のにわか成金の間で再び流行している。

近代に至るまで連綿と引き継がれてきた中国人の醜悪な性風俗の中では、一夫多妻と一妻多夫が代表的である。数人の兄弟がひとりの妻を共有することも日常茶飯事であった。妻を売買するばかりでなく、賃貸しすることも頻繁に行なわれた。映画『古井戸《ふるいど》』では妻を貸してやるという奇怪な風習が出てきて、それが貧しく水がなかったせいだというが、はたしてただそれだけだろうか？

こんにちでもこのような醜い性風俗は、中国大陸では少なからず見うけられる。実際にあった事件を通して「換妻《かんさい》」と「典妻《てんさい》」の実状について探ってみよう。「換妻」とは言葉どおり妻を交換することであり、「典妻」とは妻を貸し借りすることである。

最近、中国農村部であったことだ。物語の主人公・王成《おうせい》は妻の張咏美《ちょうえいび》と結婚して六年が経っていたが、子宝を授かることができなかった。それで、知らず知らずのうちに妻のことが疎《うと》ましくなってきた。よその家の女房たちがかわいらしい男の子を抱いて歩く姿を見ると、妻が憎くてしかたなかった。妻は自らのせいだと認め、いつも夫の前では猫に睨《にら》まれた鼠のようにおとなしく従順であった。

子どもを産めないとはいっても、美しく勤勉な妻を蹴っとばすこともできず、しばらく悩み抜いていた王成はついに妙策を編み出した。

「そうだ！　どうしてこれまで気がつかなかったんだろう?」

王成はひとりで膝を叩いて不敵な微笑みを浮かべた。

同じ村にいる友達の全来旺《ぜんらいおう》の妻、宋愛蘭《そうあいらん》に目をつけたのであった。宋愛蘭は体つきも頑丈で尻も大きく子どもをたくさん産んでいる。それにふだんから彼にはとても優しくて、人知れず秋波を投げかけてきていたことを、彼が知らないはずはなかった。

彼ら夫婦は四人で集まって、麻雀をしたり酒を飲んだりしてたがいに親密になっていった。こうして二組の夫婦の接触が頻繁になると、王成と宋愛蘭は自然と目が合い、密かに情を交わすようになった。ある日、全来旺が外出した隙《すき》に二人はとうとう禁断の情事にまで及んでしまった。

百子図（清時代の木版画）

全来旺は王成と自分の妻・宋愛蘭の素行を以前から不審に思っていたが、わざと知らんふりをしていた。そうして従順な王成の妻・張咏美を誘惑した。

「おまえの旦那は、すでにおれのかみさんといい仲になってしまったから、おれたちも仲良くやろうや」

全来旺に心が傾いた張咏美は彼の胸に抱かれてしまう。

こうなってくると王成と全来旺は自分の妻が相手とねんごろになっていることを知って、たがいに黙認するようになる。そうしてある日、酒席で正式に「換妻協定」を結び、二組の夫婦はたがいに夫と妻を交換して、同居生活を始める。

半年後、王成と宋愛蘭に「おめでたの兆《きざ》し」があった。宋愛蘭が王成に待望のかわいい子どもを産んであげたのだ。王成は五〇〇〇元の金を謝礼として手渡して、息子を引き取った。

いっぽう張咏美と全来旺は本当の夫婦のように、いやそれ以上の熱愛ぶりになってお
り、二人はとうてい別れ難かった。しかし宋愛蘭は生きるの死ぬのとわめいて、張咏美を殴るの蹴るのと騒ぎ立てて二人の仲を無理やり引き裂いて、全来旺と再び暮らし始めた。

息子を手に入れた王成は、張咏美を連れて帰りいっしょに暮らしたが、張咏美の気持ち

はいつも優しい全来旺に奪われたままだった。王成は息子を得たものの、妻を失ったわけだ。二年後、張咏美は村を流れる河に身を投げて自殺してしまう。まさに換妻が生んだ悲劇であった。

しかし公《おおやけ》に換妻をして、たがいに心安く暮らすカップルもいる。換妻に関してはこのへんにして、こんどは妻を貸し借りする典妻の話をしよう。典妻は太古の中国ではきわめてありふれた習俗であった。中国の文学作品にもこのような陋習《ろうしゅう》が夥しく登場する。

一九九〇年代はじめ、中国の大都市ハルビンであったことだ。貿易会社に通うハンサムな青年として名高い張健《ちょうけん》は、二五歳のとき洪梅《こうばい》という同年齢の女性と結婚した。洪梅は美人のうえ清純で優しい心の持ち主で、中国女性には珍しく従順で聡明な良妻であった。

張健には仲のよかった王潑《おうはつ》という大学の同窓生の友人がいた。王潑は大学卒業後、就職をして一年間勤務してから会社を辞め、広州《こうしゅう》に行ってアパレル関係のビジネスに成功し、巨額の金を稼いだ。そうしてカラオケ、バー、レストランを経営する富豪となりベンツを乗り回していた。一朝一夕で成金になった王潑はひどく女好きで好色魔でもあった。

彼は張健の家によく遊びにきて麻雀やトランプをしたものだが、口も巧《うま》くて洪梅の好感を買っていた。

ところが張健が勤めていた貿易会社が資金難で不渡りを出した。一夜にして失業者になった張健は一日中麻雀や賭博に明け暮れ、無為に歳月を過ごしていた。家にある財産といえば国営会社から配給されたアパートと妻、そして四歳になった息子だけだった。どうやってこの巨額の借金を返すというのか？

この修羅場から逃れるには高飛びするしかない、と考えた張健は夜逃げすることにした。しかし、若い妻と幼い息子をどうすればいいだろうか？　彼は酒をしこたま飲んで同窓生の王潑の家をノックした。

「助けてくれ……死んでしまうよ……」

「おまえ！　いったいどうしたんだ？」

ふらふらとよろめく張健の口許《くちもと》からは強烈な酒の臭いが漂ってきた。わけを聞かされた王潑は目を丸くして「ついにチャンスがやってきた！」と思わず快哉《かいさい》を叫んだ。

「友達として同情はするけどな。そんな大金をただそのまんま出せっていうんじゃないだろう？　いずれにしても何か、そうだ、おまえの嫁さんなんかどうだい？」

王潑は、張健の耳元に口を当てて低い声で囁《ささや》いた。

「おまえの嫁さんをちょっとな……おれがちょっくら……。借金はおれがそっくり全部返してやるからな」

いくら酔っぱらっていても、友達とは思えない不届きな言葉に張健はわが耳を疑ったが、いまの自分にほかの方法がないことはわかりきっていた。男のプライドがどうのこうのと言ってる場合ではない。彼は無言のままに「典妻協定」を結んだ。

翌日から張健は借金取りから逃れて王潑の会社に閉じこもり、王潑は美しい洪梅を夜ごと抱いた。王潑はすぐにくれるはずだった金を半年も引き延ばしては、洪梅を弄《もてあそ》んだ。洪梅は、自ら犠牲になることで家庭が救われるのであれば命も投げ出すほどの献身的な女性だったから、屈辱に耐えながら王潑と同居するしかなかった。

半年後、借金を返してやった王潑はやっとのことで洪梅を解放した。しかし張健が家に帰ってみると、洪梅は紙切れを一枚残したままで子どもを連れてどこかに消えてしまったあとだった。

「妻ひとり守ることができない男の犠牲になっても、ただむなしいだけだということを骨身に染みて感じました。良い女を見つけて末永くお暮らしください」

張健が地面を叩いて慟哭《どうこく》しても時すでに遅しであった。二〇世紀末の中国で繰り広げられたまたひとつの悲劇である。妻を貸して自分はほかの女と同棲することも数多くあるという。いまでも中国大陸では大都市、田舎、山村でこのような醜悪な活劇が繰り広げられている。

まさしく中国の性風俗が生んだ醜悪きわまりない病弊である。

第六章
中国・性文化革命

妓院での妓女たち（中華民国時代の写真）

国門《こくもん》開放と性門《せいもん》開放

一九七八年鄧小平《とうしようへい》は、閉鎖で一貫してきた中国に斬新な歴史の一ページを開いた。国内改革と国家開放がまさしくそれだ。そして開放された国門《こくもん》とともに性門《せいもん》も徐々に開き始めた。俗にいう性開放である。

性開放という名の中国の性革命は、どのような状態でどうやって発展したのだろうか?その脈絡を展開過程を通して整理してみよう。

一九七〇年代末、中国大陸では人性論が台頭して人性復活の声が日に日に高まっていった。人間の本能の復活を渇望した時代の叫び声だった。しかし、本能と愛情の復活は叫ばれたものの、性に対してはあいかわらず慎重であった。一九八〇年代に入ると国民の脚光を浴びた文学芸術から性の禁止区域は崩壊し始めた。『苦恋《にがいこい》』(白樺《はくか》)、『男の半分は女』(張賢亮《ちようけんりよう》)が発表され、全国民の共感を呼んだ。

性が飲食のように生命的な次元で中国人の懐に蘇《よみがえ》り始めた。フロイトの精神分析をはじめとする西洋の性の理念、哲学、人生観が、開放された国門を通して大挙輸入され、D・H・ロレンスの『息子と恋人』のような性愛小説の翻訳出版ブームが巻きおこった。これと時を同じくして南方および沿海地域では、香港と西洋のポルノ雑誌・ビデオなどが大量に流れ込んだ。

長い間、禁書として閉ざされていた『金瓶梅』が市場に氾濫《はんらん》し、地下印刷工場で低質な印刷をして大金を稼ぐ人間も出てきた。引き続いて金銭万能の拝金主義が澎湃《ほうはい》するとともに、三〇年あまりの間、中国大陸に根絶していた売春と性病が再び頭をもたげ始めた。キャバレ、バー、カラオケ、酒場が雨後の筍《たけのこ》のように乱立し、それと同時にセックスサービス業、性産業が出現した。虎か悪魔のように恐れていた存在としてタブー視されてきた性に対して、現代中国人たちは初めて目を開き始めたわけだ。

性と愛は国家イデオロギーの統制によって製品のように製造されるのではなく、個人の領域に属する密《ひそ》やかなものであり、あらゆる人間は独自に性を吟味《ぎんみ》し享有する権利があることを悟るに至った。これは今まで革命と無産階級思想の枠の中で軽視されタブー視されてきた汚く醜悪な性とはまた異なる性であった。

実際厳格な意味でみれば、改革開放路線下で緩和し始めた中国人の性は、いまだに解けて開いていく過程にある。最初は性科学、性のテクニック、房中術に関する本がこっそりと現われてきたが、今では本棚の上に堂々と置かれて気軽に読まれている。もちろん、その中にはゴミのような代物《しろもの》もいっぱいある。

中国人であれば誰でも一九九二年七月十四日、全国を騒然とさせた男女性転換手術を記憶しているはずだ。北京医学大学病院で、世界で初めて男女の内部生殖器を代える手術に成功した。大学を卒業した男女が、たがいの性器を転移する手術を受けて性転換をした。手術の成功の是非もそうだが、中国人の性意識開放を世界に知らしめた事件として各国のテレビと新聞でトップニュースとして扱われた。

一九九三年一月には上海放送局が前例のない「今夜は心を開いて」というラジオ番組を製作して話題となった。毎晩十一時から十二時まで放送されたこの深夜番組は、中国の伝統教育によってそれまでベールに覆われてきた諸問題、たとえば婚前の性関係、不倫、同性愛、性倒錯、セクシャルハラスメントなどの性的な問題を電話で相談にのるものであった。

このような番組がはたして成功するか疑問視されていたが、放送初日から放送局の電話が火を吹くほどの大成功を収めた。早寝をする人が多い中国で、この番組を聴こうと寝ないで待っているというリスナーが数多いという集計結果がでた。

性はいまやもう中国人にとって、びくびくと隠さねばならない気後れのする果実ではない。四〇〇〇年の歴史とともにこんにちも急激に変化している中国人にとって、性は人生そのものであると言える。

一九八八年の裸体画展騒動

一九八八年、中国の首都・北京。伝統宮殿式硝子瓦《がらすがわら》を戴《いただ》いた中国美術館の玄関の前に、入場券を買おうとする夥しい観客の行列がはてしなく続き、最後尾がどこなのか見えないほどだった。あげくのはてにはダフ屋から一〇倍の値段で買ってでも入ろうとする観客が後を絶たなかった。どうしてこんな大騒ぎになるほど混み合ったのだろうか？「油絵人体芸術大展覧会」が開かれていたのだ。この人体美術展の波紋は北京のみならず全国津々浦々にまで広がっていき、マスコミ、学界を驚愕させた。外国の通信社も大きな見出しでこのニュースを報道した。以下は、アメリカの通信社の報道内容である。

数千、数万にも及ぶ中国人たちが中国一流美術館に押しかけ、裸体画を研究するために設けられた北京第一次美術展の開幕式に参加した。ある人は首を横に振りながら、自身の目の前にあるのが裸体画であることを信じられないかのような表情を浮かべた。またある人は好色な目つきでそっとのぞき見ることに終始した。そして大多数の中国人はじっくりと裸体画を鑑賞した。

黒山のような人だかりの観客たちが美術館の壁面にかけられた一三〇点あまりの裸体を描いた油絵を取り囲んだ。その絵は九五%が女性のヌードであった。また美術館の玄関の前では、数多くの観客が出品画家を取り囲んでサインをねだり大騒ぎであった。観客たちの反応はさまざま。

「くそっ！　女風呂に入ったみたいだったな」

端正な出で立ちの中年男が呟《つぶや》いた言葉だ。

ある中年女性は絵には関心がなく、むしろ若い観客に対して怒りをあらわにした。

「若い男たちったら、ほらご覧なさい。女の裸だからってあんなに涎《よだれ》を垂らして穴が開くほど見つめてるじゃない！」

絵の中の美人たち、すなわち中央美術大学のモデルたちも美術展を観にきた。自らの美しい裸身に自信を持っていた彼女たちは、周囲の観客たちから軽蔑と嘲笑の視線が投げられると、その自信と幸福感は粉々に砕け散ってしまった。

中国人たちが裸体画展で喧々囂々《けんけんごうごう》の大騒ぎをしているとき、外国人の反応は冷ややかであった。

「不思議でしょうがないのは、あんなありきたりなヌード画展が中国人にとって大問題になるのかという点だ。数百年の裸体芸術の歴史を持っている西洋人には、ヌード画展などさほど関心もないことだ。中国人がヌードにこれほどまでに血道をあげることはまったく理解に苦しむ」

あるフランス人作家の言葉だ。これは、まさに彼が中国人の性に関してまったく無知であることをそのまま物語っている。

出品した作家・孟緑汀《もうりょくてい》は美術展の終了後、こんな所感を述べた。

「今回のヌード展が大ヒットしたのはまったく驚くべきことだ。しかし、一夜にしてすべての中国大衆が芸術を理解して愛するようになったと考えるのはとんでもない錯覚だ。混雑する展示室の中はあたかもデパートの中のようだった。観客たちは絵を鑑賞しにきたのではなくて、ヌードという類《たぐい》まれな商品を見物しにきたようだった。一言でいえば、芸術として鑑賞するのではなく『性』としてのヌードを見にきたのである」

彼の言葉は大ヒットの核心を的確に突いている。それはほかでもない「性の問題」だった。ある社会学者が鑑賞中の若者を調査した。一部の青年たちは裸体画を見て興奮し、勃起した末に射精までしたし、男性のヌード画を見て性的興奮を覚えたという若い女性もいた。つまり数多くの成人たちがヌード画展を鑑賞にきた真の目的は、それまでベールに包まれていた女体、「性」を見物するためであった。

それは毛沢東時代の抑圧を通して歪《ゆが》められタブー視され汚らわしいものとして扱われてきた性への飢餓からくる、性に対する憧憬《どうけい》であった。その意味で今回のヌード画展は、それまで陰に隠れていた性の問題にメスを入れたとも言える。一三億中国人の性を覚醒させたひとしきりの暴風雨によって、歴史の一ページが飾られたのであった。これまでの半世紀の間、抑圧とベールに覆われていた中国好色文化の復活を象徴する一九八八年のヌード画展騒動の一幕であった。

中国最初のセックスショップ

性の革命が勃発した中国で、これに関係したニュースがもうひとつある。一九九三年夏、北京に中国史上最初の性関連商品を専門的に扱うセックスショップ「アダムとイヴ保健センター」がオープンしたことだ。

セックスショップは北京医科大学、人民病院などが共同で設立経営するところで、避妊薬やコンドームをはじめとして、性に関する用品はありとあらゆるものをそろえて売っている。そして店内には専門員が常駐して、性病やインポテンツ、性的な問題を治療する専門家として患者にカウンセリングを行なっている。このようなショップは中国では初めてのもので、新聞やテレビのニュースでセンセーショナルに報じられて、かなりの話題になった。

ここで販売される各種性器具、回春剤、強壮剤は特に庶民の歓迎を受けているという。北京のセックスショップのことが知れ渡ると、上海《しゃんはい》、広州《こうしゅう》、瀋陽《しんよう》、重慶《じゅうけい》をはじめとして全国各地にセックスショップがオープンした。セックスショップばかりでなく「性能力回復センター」が設立され、莫大な利益をあげて農村にまで波及し、農村でもセックス器具製造工場が雨後の筍のように建てられたという。

天津市近郊に暮らす粛《しゆく》さん兄弟は小規模農場を経営しながら、中国性革命の活性化を促す副業をしていたが、それがまさしく性器具製造である。

一セット一二〇元（日本円で約一八〇〇円）するバイブレーターは飛ぶように売れて、投資した金を回収したうえに莫大な利益が転がりこんできたという。この性器具事業は、兄弟が直接設計図を描いて製作するもので、彼らは空気ポンプ式新型バイブレーターを考案して特許を取得したのち、「本物そっくりの感触！　夫婦円満、家族計画、社会秩序に役立ちます」と広告コピーを書いて販売をはじめた。

ところが性産業に対して、というより性に対して、中国の指導層はただ眺めているだけではなかった。許可されていない薬品（精力剤）を販売して顧客をもてなす医師の中に偽医師がいたとして、マスコミを通して北京のセックスショップ数カ所を問題視しはじめたのだ。

全国各地のセックスショップが罰金刑か営業停止処分を受けた。南方のある性能力回復センターでは、患者のインポテンツを治療するのに補助的な方法として性行為を撮影したビデオを販売した。ところが、そのビデオの中に男女の性器がそのまま露出されており、これもまた罰金とともに営業停止処分を喰らった。

上海と全国各地のラジオ番組には、健全な性生活のための専門番組がある。ラジオ電波を通してセックスに関する悩みを相談する番組で大反響を巻きおこしている。

「上海男性機能回復治療中心（センター）」の責任者は、全国主要都市にある支社を含めてこのセンターを訪れる男性が年間九万人にものぼるという。心理的カウンセリングから漢方薬の性欲促進やインポテンツ、早漏を専門治療することに注力している。彼は国家のために働いていると自負してこう言った。

「健全なセックスこそが、今後一〇〇年の中国人の家族作りの道です」

彼の言葉には中国庶民の素朴な願いが込められている。

不倫という名のロマンス

一夫多妻が盛んであった一九三〇年代までは、中国では紳士が集《つど》うと「奥方は何人ほどお持ちですか?」というのが挨拶がわりであった。妾《めかけ》が少ないほど恥と見なしたのだ。

それから半世紀以上過ぎたこんにち、中国大陸では男性ばかりが集まると行き交う挨拶がある。「愛人はいらっしゃいますか?」というのがそれだ。こんな挨拶言葉がごく日常的に交わされている。こんにちの中国では、愛人がいないということは既婚男性にとってもっとも恥ずべきことだと見なされている。

つまり現在、中国は不倫ブームの時代なのだ。一九八九年二月「上海性社会学研究センター」が「民主と法制」という雑誌編集局の協力で、中国各地の二万七〇〇〇名を対象にしてアンケート調査を実施したが、その結果を「中国当代性文化」という本として一九九二年に刊行した。その本に現われた不倫に関する中国人の態度は驚くばかりだ。既婚者に「不倫は良いか？　悪いか？」を問うた結果、都市では五四％、農村では四四％の人々が不倫を肯定的に受け取っていた。半分以上の人が不倫に賛成しているわけだ。まさに世紀の記録だと言えるだろう。

現代中国では不倫が一大ブームとなって急速に広まっており、不倫を一種のロマンスと考え、その蜜《みつ》の味を満喫している夥しい数の男女がいる。都会のインテリ既婚女性たちはきっぱりとこう言う。

「まんいち結婚生活で満足できなければ、わざわざ買って苦労なんかしないで、不倫関係で解消するしかないじゃないの。一度しかない人生をどうしてそんな惨めに過ごさなくちゃいけないの？」

彼女たちにとって、不倫はまるで家庭の安定を守る常備薬ぐらいにしか見なされてないようだ。

現代の都会の既婚女性の愛人として、どんな既婚男性（あるいは未婚男性）が人気があるかについて興味深いデータがある。三〇～四五歳の男性が人気があるのだが、彼らにはこんな特徴がある。

壁を越えて不倫相手の家へ(清時代の絵画)

○自身の分野でそれなりの出世をし、社会的身分が保障されていて、指導層に当たる職業で名前が売れている。
○経済的に比較的余裕があって、女性の虚栄心を満足させることができる。
○社会的に顔が広く成熟していて、愛のテクニックにも熟練していて女性を歓《よろこ》ばせることができる。

もちろん年配の重厚な男性や、年下の子どもっぽい男が趣味の女性もいるが、ほとんどが金銭・権力・有名の三つが人気の基準だという。

北京のある新聞社に勤務する三〇代半ばの女性記者リリは、九歳の子をもつ母親であり、新聞社の華《はな》と呼ばれる美貌の女性だ。大学時代、文学部の講演会で将来有望な青年作家Kの才能に惚れ込んだ彼女は、勇気を出して文学を教えてほしいという内容の手紙をKに出したことがあった。しかし住所が間違っていたのかKからの返事はなかった。その後、文学部を卒業したリリはある新聞社の文化部の記者となった。ちょうどそのとき青年作家Kが文学大賞を受賞して、リリが授賞式を取材することになった。

四〇代作家として文壇でその名を轟《とどろ》かせているKは、さらに洗練されて成熟していた。

リリはなんと二時間もKと話を交わして彼の作品についての感想を取材した。彼女はうわべだけの称賛や激励の言葉よりも、作品の中にみられる欠点と視点の偏向性などを忌憚《きたん》なくぶつけた。

Kは個性溢《あふ》れるリリの指摘をむしろ、喜んだ。彼は「初めて正直な読者に逢《あ》えました。本当にありがとう」と、彼女の率直な指摘が自分にとって大きな力になると言った。こうして二人の出会いは始まった。

リリの夫は国営貿易会社の支社長で一年のうち一〇カ月は海外に出張していた。子どもは親戚の家で祖父母とともに暮らして学校に通っていた。だから、広いマンションにリリひとりで暮らしていた。

二人のデートの場所はたいていリリのマンションであった。Kは週に二、三回リリのマンションに通いベッドをともにした。彼女はKのセックスのテクニックに満足とエクスタシーを満喫することができた。ときには映画館やコンサートなどに手を握りあって行ったりもした。

ある日、リリは妊娠したことに気づいた。彼女がこの事実をKに告白したとき、Kは慌てふためいて「どうしよう?」と狼狽《ろうばい》するばかりだった。

「先生は心配しないで。わたしがそっと処理しますから」

翌日、彼女は産婦人科で中絶をしてしまった。それがKとの関係を維持する唯一の方法だったからだ。

「こうして先生といっしょにいることは、夫といるよりずっと幸せよ」

純粋さを失い守銭奴のようになった貿易会社支社長の夫より、才能に溢れユーモラスで純粋な先輩であるKに彼女は夢中であった。

「でも家庭を壊すつもりも、夫と別れるつもりもないのよ。家庭を守りながらK先生との精神的・肉体的幸福をエンジョイすることがスリルがあってたまらないからよ」

また別の中年インテリの不倫の話だ。五〇代の男性Aは、八歳年下の美貌の妻と一七歳の女子高生の娘をもつ幸福な夫である。そのうえ銀行には充分な貯蓄もある富裕階層のインテリ家族である。

Aは自身の言葉どおり、彼には不倫に陥る動機や理由はまったくないが、自然に不倫という誘惑にはまってしまった。彼はよくあるように情事を自ら求めたりはしなかったが、積極的に忌避《きひ》することもなかった。たがいの愛情が真摯《しんし》で純粋ならば、双方に家族があっても、家庭を壊さない限りにおいて、情事を楽しむことはさほど非常識なことではないだろうとAは考えた。

いまAが付き合っているSという女は二〇歳年下の三〇代前半の上品な感じの美人で、ある研究所の研究員である。ある学術シンポジウムで初めて会ったのだが、たがいに目が合いシンポジウムが終わるころには相思相愛のレベルにまで達していた。

閉会の晩餐《ばんさん》で催されたダンスパーティーで、AとSは華麗な恋人どうしのように踊った。

「いつまでもこうしてきみといっしょにいたいよ」

Aが囁《ささや》いた。

「パーティーが終わればわたしたちお別れでしょ？　またお会いすることがあるかしら？」

Sが微笑《ほほえ》みを浮かべて答えた。

「もちろん、毎日のようにデートしなくちゃ」

二人は頻繁《ひんぱん》に密会を重ね、深く情を通じてしまった。ある日の午後、彼女の部屋でとうした。

どこの国の女性でもそうであるように中国女性も性に対して保守、開化、放縦《ほうしょう》の三つのタイプがある。しかし現在、保守と性抑圧、性閉鎖的伝統観念は、すでに時代の流れから取り残されており、はなはだしいことにある女性は極端な道を歩んで、性的開放を超えた放縦、性欲主義に向かって一本道を突き進んでいる。

平凡な中国女性の貞操観念を調査した一九九二年の性文明調査の結果をみると、その点を一目瞭然に把握することができる。

貞操が「非常に重要だ」という女性は二四%、「ただの封建的観念である」という女性は一〇%、「女性にだけ強要される問題」という女性が一四%、「感情さえ通じれば貞操はどうでもいい」という女性が三六%、「性的満足・快楽さえ得られれば貞操は無視してもいい」という女性が四%であった。あとのふたつの項目を合わせると「感情と性的満足を得られれば貞操は無視してもいい」という女性が四〇%も占めており、さほど羞恥《しゅうち》として は感じていなかった。

以前、中国にしばらく帰国したとき、ある変わった女性を取材することになった。Hという名の彼女は二〇代前半だが、それこそ世の中のありとあらゆる辛酸を舐《な》めてきたせいか一〇歳は老けてみえた。

皺《しわ》を隠すために厚化粧をしているが、彼女の素顔はとても美しいだろうと斟酌《しんしゃく》できた。そして豊満な胸と潤いと艶《つや》のある唇は、男を誘惑するのに充分すぎるセクシーな魅力を漂わせていた。

「なんと、もったいない女性だなあ！」

わたしは心の中で感嘆した。

彼女は一七歳のときに一年上の先輩とつきあった。快活で純真だったHは秀才で気さくな先輩に一目惚れして愛を告白し、二人は映画館で熱い初めてのキスを交わした。

ある日曜日、両親がいないとき、先輩がHを訪ねてきた。テレビのドラマを観ていた彼らはとうとう欲望を抑えきれずに初体験をしてしまう。下半身がしとど濡れたHは痛くて泣いた。

「先輩、わたしを捨てちゃだめよ。永遠にいっしょじゃなきゃいやよ！」

「ああ、もちろんさ！」

二人は小指を絡《から》ませて約束した。しかし先輩は大学に進学すると、すぐにほかの女子大生と熱愛に溺《おぼ》れ、Hを紙屑のように捨ててしまった。

……講義であった。

実際、中学生の早熟と恋愛に関していかに対処するかという問題は非常にデリケートで、家庭や学校で扱うには難しい面がある。とにかくうまくやれと激励するのも、一方的に禁止したり無理に押さえつけたりするのもよくない。

上海で実際にあった出来事だ。一九九五年十二月、ある中学校三年の女子生徒・施麗《しれい》が七階のマンションから投身自殺をするという悲劇が起きた。彼女のカバンの中から涙で綴《つづ》られた遺書と日記が発見されたのだが、そこには家庭と学校に対するメッセージが記されていた。

施麗はかわいい顔だちの素直でおとなしく内向的な性格の生徒だったという。成績もよくて歌も上手だし絵にも並外れた才能があったので、クラスでも人気者だった。一九九五年の夏休みに施麗は黄山《こうざん》に旅行に行って、やはり同い年のある男子生徒と偶然に知り合った。二人は黄山で楽しいひとときを過ごす。

たがいに心が通じ合った二人はその後、遠く離れていてもいつも手紙をやりとりしていた。学校では施麗に手紙がたくさんくるようになると、それを押収して検閲までするようになった。担任の先生は一方的に「男子生徒とのよからぬ関係を自白しろ！」と施麗を問い詰めた。学生の恋愛は不純であり品行が悪いから退学させるとまで言った。悩みぬいた施麗はこの精神的苦痛から逃げだす方法として死を選んだ。結局その年の冬、屋上から投身自殺を図ったのである。遺書の一節にはこう綴られていた。

わたしたちの感情は純粋です。わたしたちはたがいに愛し合っているだけです。わたしが死んだあと検査をすればわかるでしょうが、わたしと彼はただキスをしただけです。それも別れる直前に。

施麗は自身の生命を賭《か》けて中学生の純粋な恋愛を世の中に対して訴えた。中学生の異性交際を無条件に抑圧することは生徒に精神的な傷を残し、健康にも悪影響を与える。それよりも、学業と恋愛をうまく調和させることができるように指導することが望ましいという声が日増しに高まっている。

恋愛を禁止することが重要なのではなく、性教育を強化して先行させねばならない時代となったのである。

性教育は低俗？

数年前に北京のある名門中学校であった出来事だ。

日本からの教育代表団がこの学校を訪問中だった。中国最高の教師陣、美しい緑が生い茂ったキャンパス、教育施設に対して日本の代表団は賛辞を惜しまなかった。

座談会の中で日本側の団長がこの学校の校長にひとつ質問をした。通訳の言葉を聞いた校長は、顔面を蒼白にして自身の耳を疑った。彼は信じられなかったのか、もう一度聞き返した。

「なんですって？」

「貴校では性教育を実施していますか？　とのご質問です」

通訳はもう一度すらすらと繰り返した。すると校長は、軽蔑《けいべつ》の眼差しで日本の団長をじろっと睨《にら》んだ。

「どうしてそんな低俗な問題を尋ねてくるんだ？　そんなの無視してしまえ！」

通訳は唖然《あぜん》として顔色を失い、どうやってこの場を収めようかと慌てた。日本の代表団側もやはり、どうして校長が突然怒りだしたのかさっぱりわからなかった。

名門学校の校長が性教育を「低俗だ！」と断言した一言は、中国が性教育をいかに軽視しているかという実情を如実に示している。

毛沢東時代、特に文化大革命という「無性時代」に不毛の青春を過ごした世代の父母たちが、成長していく子どもに性教育を施すのはかなり難しいはずだ。性は汚《けが》らわしく低俗なものであり、口にすることすらタブー視された時代を生きてきたからである。

小学校に通っていたころ、わたしが親に自分はどこから生まれてきたのかと尋ねると、「あの橋の下から拾ってきた」とか「カボチャから生まれた」とか言ってはぐらかすのが常であった。

一九五七年中国で最初に『性知識』という小冊子が刊行されたのだが、それすらも「不潔な書籍」として発禁処分にされて、著者も「性戯弄《せいぎろう》」という罪名で刑務所に入れられた。

一九七二年には中学校二年生の「生理衛生」の教科書が編纂《へんさん》されたが、編纂グループ内部で熾烈《しれつ》な論争が起こったという。「生殖器」という部分を入れるか否かに関して繰り広げられた戦いであった。結局、国務院総理の周恩来《しゅうおんらい》にまで報告が上がって、彼の賛同を得てやっと入れることができたというエピソードは有名だ。

北京の名門学校の校長の話も、教科書に生殖器を入れるかどうかという問題も、いまでは笑い話として語れる余裕が生じたのが、中国の性教育の現実であるから実に幸いなことだ。

一九八五年、上海で初めて性科学という名称で学問研究が始まった。性教育専門研究センターも設立され、性教育を本格的に実施するに至った。

いまでは性科学の著書が氾濫《はんらん》するほど数多く、各種の女性雑誌と児童雑誌にも性教育に関する内容が多数登場する。しかし家庭の中で本格的に性教育をすることは、まだ中国では一般的ではない。

七歳の少女にマスターベーション（手淫《しゅいん》）の癖がついてしまった。すると少女の母親は「この子ったらおかしいんじゃないの？　ひょっとしたら変態かしら？」と心配した。やってはいけないと言い聞かせても、頷《うなず》きはするものの蒲団の中でこっそりと手をしきりに動かしている。病気だと思った両親が病院に連れていくと、きわめて正常であり病気ではないという事実をやっと理解した。最近このようなケースがしだいに増えているという。

学術踏査をしに中国のある農村に行ったときのことだ。一〇歳の娘がいたのだが、その両親は四〇歳前半の農夫だった。娘が性に早熟なのか、何年か前からいつも陰部に手を当てて手淫をする癖がついてしまった。ひどいときには膣口に大根や木の棒などでしきりに擦《こす》ったりまでするようになった。

そこで両親が考えだしたのがブリキで作った特製パンツである。腰には勝手に脱ぐことができないように鍵までつけ、小便のために小さな穴を開けたものを穿《は》かせたのであった。彼らの話を聞いて、わたしは開いた口が塞《ふさ》がらなかった。これこそ、二〇世紀末の貞操帯ではないか！

性教育意識が薄弱な父母が、子どもの性的成長と性に対する関心を異常や病気と考えるからである。一三億の中国人の真の意味での性教育は、抑圧とタブー視から抜け出し、性を直視することから始めねばならないはずだ。いずれにせよ、いまの中国に正しい性教育が切実に必要とされていることはまちがいない。

現代版『金瓶梅《きんぺいばい》』と好色文学

東洋最古の好色小説『金瓶梅《きんぺいばい》』を生みだしたほど、中国の好色文化は、はるかなる太古より発達してきた。数百、数千種に達する中国のエロス文学は好色文学作品の宝庫だと言えるだろう。

毛沢東時代に「革命」の抑圧によって消え去った中国好色文学は世紀末に至って、再び復活した。改革・開放とともに性を描写したポルノ小説のような性文学が中国で一大ブームを巻きおこしているのだ。本来奢侈《しゃし》を好み、酒池肉林の恍惚郷《こうこつ》を創造した人々だから経済生活が向上すると、文学にも性の伝統が蘇ってくる。

比較文化の視点から見れば、明・清時代の小説は性に対する描写がきわめて露骨で赤裸々で、その色情的な生態はどの国よりも際立っている。小説文学が発達したヨーロッパでも専門的に性描写を著した小説は多くはない。『デカメロン』や『チャタレー夫人の恋人』などが比較的露骨に描写されているが、中国の小説と比較するとその濃度はきわめて希薄である。モーパッサンの『女の一生』のような名作の描写も赤裸々ではあるが、中国の『金瓶梅』や『肉蒲団《にくぶとん》』と比較すれば足元にも及ばない。

このようなポルノ的な性文学が、現在中国の社会主義の中で復活している。性を扱う現代小説を通して、そこに秘められた真の姿をのぞいてみよう。

一九九四年、中国で発行禁止処分を受けた長編小説『廃都《はいと》』は出版されるやいなや、いちやくベストセラーとなって、全国民が貪《むさぼ》り読むという大センセーショナルを巻きおこし、連日マスコミを賑わせた小説だ。著者の賈平凹《かへいおう》は、現代中国で韓国の李文烈《イ・ムンヨル》や日本の村上春樹《むらかみはるき》と比肩される中堅小説家であり、国民的な作家として高い評価を受けている。一九九三年に出版された『廃都』は、社会不条理を赤裸々に批判し官僚の腐敗行為を風刺した小説として、国民の情緒にフィットしたメッセージを伝えた。

そのうえポルノと思わせるほど性描写がふんだんにあって、全国民の話題を集め「現代の金瓶梅」と呼ばれるまでに至った。小説の中の主人公である作家・荘之蝶《チョワンジティエ》の不倫と情事を描いた部分が大きく注目されたのだ。主人公が唐宛児《タンワル》という人妻と初めて情事をするに至る契機はこのように描写されている。

唐宛児の家で二人っきりになったとき、荘之蝶は彼女に骨董品である銅鏡をプレゼントする。体が上気して熱くなった唐宛児が「熱いでしょ?」と言って立ち上がり、つっかえ棒で窓を開けようとする。何度も失敗しながらも、つま先立って棒で開き窓をあてがおうとがんばっている間、彼女の悩ましい腰のあたりがはっきりと剝《む》き出しになる。荘之蝶も急いで近寄って手助けをしてあげる。ところが、つっかえ棒がガタンと落ちて、開いていた窓はバタンと閉まる。驚いた唐宛児が小さな叫び声を上げ、倒れかかるところを荘之蝶が支えて抱きかかえる。いつのまにか二人は抱きあって、はあはあと荒い息づかいをする

（この部分は『金瓶梅』の西門慶と潘金蓮が出会って初めて情事に至る場面に似ている）。

続いて荘之蝶の手は足元から上へとまさぐっていき、しとど濡れたあたりを探りあてる。引き続いて彼は、ぐったりとなった彼女をベッドの上に置くと、スカートを剝《は》ぎ取りストッキングを膝のところまで脱がせた。彼女は興奮して叫び声を上げる。かつて経験したことのない男の支配欲が荘之蝶をかき立てて、数百回ピストン運動をしても欲望が萎《な》えることを知らなかった。

このような描写もある。自分の家にお手伝いとして住んでいる柳月《リューユエ》が、深い眠りに落ちている姿をのぞく主人公の描写が、やはり古典ポルノ小説『金瓶梅』を連想させる。

荘之蝶はそうっと柳月のブラジャーをはずし、スカートのベルトも解いて、じっと艶《なま》めかしい女体に見入る。そしてそっとスモモで彼女の性器の上を撫《な》でる。ところがなんとそこが口を開けてスモモをくわえてしまう。

これ以外にも主人公が自分の家で唐宛児、柳月とフリーセックスを楽しむ場面が登場するが、それこそまさにポルノビデオの過激なワンシーンそのものである。『廃都』の性描写は、現代の『金瓶梅』と呼ばれるほど露骨な場面のオンパレードだ。

喬梨《きょうり》という作家が著した小説『古都《こと》』も不倫を扱った作品だ。この小説は中国の古都である西安《せいあん》で繰り広げられるラブストーリーを描いているのだが、それこそまさに現代中国社会の不倫の縮小版だといっても過言ではない。

早熟な女子大生・孔《こう》と「古都秋風」誌の編集人・高《こう》との邂逅《かいこう》から物語は展開する。二人は、仕事でのミーティングが頻繁になるにつれ親密になり、男が家庭の悩みを女に打ち明ける。

男の不幸な結婚生活に深く同情心を抱いた彼女は、「あなたのもっとも親しい友だちになりたい。あなたの愛人になりたいの」と告白する。続いてこんな会話が行き交う。

「こうすると気持ちいい?」

「ええ……こうして一晩中、わたしを抱いてくださる?」

「もちろんさ」

「ほんとうかしら?」

「ぼくが嘘をついたことがあるかい?」

二人は不倫に陥ってしまう。彼らのセックス描写はまた壮観である。

二つの大きな山のような豊満な乳房が彼の胸の上に密着して際限なく上下する。

彼女は彼のペニスをぎゅっと摑《つか》み愛撫する。

彼女は「ああ、ああ」と喜悦の悲鳴を上げる。

孔は人一倍性欲が強烈な女で、三日とあげずに男と会って、会えばセックスをせずにはいられない。二人はセックスに耽溺《たんでき》して西安の古い城壁の下で熱い抱擁《ほうよう》を交わす。そのキスシーンを見てみよう。

巧妙に舌を遊ばせて彼の唇をめくり、その中に舌を入れたり出したりする。

二人の不倫は結局、冷めてしまうが、それがきわめて普遍化された大都市の不倫を描写したものであったため、数多くの読者の共感を呼び起こした。

『蒂紅《ていこう》』という小説もたいへんな人気を集めた。やはり男女の不倫、乱倫の性行為を描写した小説で、主人公の女流詩人・薛《せつ》が何人もの男のプロポーズを受けながら、彼らと性関係を結ぶ過程があらすじとなっている。

最初の男はある新聞社に勤務する槐《かい》という既婚者である。槐は彼女に永遠の愛人になってくれることを望みラブレター攻撃をかける。「一〇回切りつけて倒れない木はない」と薛はついに槐の炎のような攻勢に倒されてしまう。ところが彼女は同時に地方出身の作家である冬《とう》とも愛情が芽生え、また北京大学作家班の夏《か》とも恋愛関係を結ぶ。さまざまな形で燃えるような愛を交わす薛である。こんな描写があるので引用してみる。

暗闇の中で薛は冬の手が自らの体を撫でているのを敏感に感じた。

彼女はパンティーが床に落ちる音を聞いた。冬の熱い唇に彼女の乾いた唇をあてた。二人はたがいの体で相手におおいかぶさった。

これまで引用した小説は『金瓶梅』『素女経《すじょきょう》』『肉蒲団』の系譜を継ぐ現代の好色小説だ。これらの好色小説を通してこんにちの中国人の好色文化と、久しく隠蔽《いんぺい》されていた性の一端を読み取ることができるだろう。

中国四〇〇〇年史上、最初のヌードモデル

開放の中に閉鎖があり、閉鎖の中に開放がある、「開放」と「閉鎖」を繰り返し反復してきたのが中国性文化の特徴である。

中国ではいまでも、芸術とポルノ（猥褻《わいせつ》）の境界線を判定する基準が存在しない。たとえばポルノとして評価され発禁処分となった絵画が、一夜にして非常に価値のある個性を持った芸術品に化けて高額で取り引きされることは、中国では日常茶飯事である。

ヌードモデルのことで中国で起こった騒動は、この点を見事なまでに立証してくれる。

一九八四年初春と一九八五年夏に、北京、上海、広州などの芸術大学では、女性のヌードモデルの公募広告を掲載した。中国四〇〇〇年の歴史上で、太古の皇帝が宮女を公に募集する例はあまたあったが、女性ヌードモデルを公に募集することは有史以来初めての事件であった。その結果、あるひとりの女性が選抜され、いちやく話題の人物としてマスコミに登場した。マスコミは「剣の山をも登る勇敢で芸術感覚に秀《ひい》でた現代女性」と激賞した。非難と嘲笑と圧力を克服し、芸術のために献身する勇気ある「反逆」の女性として称

賛されたのだ。逆説的に言えば、それほどまでにヌードモデルを軽蔑する、性に関する限り閉鎖的な中国の風潮を如実に物語る現象であった。新聞に投稿された彼女の手記にはこのように記されている。

わたしは北京市のある高級幹部の家庭に生まれました。二一歳のときに身長は一六〇センチで、すらりとしたスタイルを見ると誰もが美しいと賛辞を惜しみませんでした。わたしもスマートなボディラインに誇りと自負心をもっていました。

一九八四年、北京中央美術大学の女性モデル一般公募を見て、誰にも内緒で応募しました。合格通知書を受け取っても、友人や周囲の人々には何も言わず秘密にしていました。いまの中国社会では、このことを友人たちに公開するとスキャンダルとなって噂がひろまり、結婚すら難しくなってしまうことがわかりきっていたからです。

けれど、わたしは心の底から芸術を愛する女です。ヨーロッパでは二〇〇年前に、すでにヌード写生会が美術学校生の必須科目であったこともよく知っています。しかしながら中国では、いまだにヌード写生会は社会道徳に外れるだとか、精神的汚染だとか言って喧々囂々《けんけんごうごう》の大騒ぎになるようなありさまです。わたしはこれをおおいなる偏見にすぎないと思っています。

八七四号、これはわたしのヌードモデル受験番号です。教室の中は大きな間仕切《まじき》りで遮《さえぎ》られ、わたしは試験官の先生の言葉に従って、間仕切りのほうに歩いていきました。この一歩こそがわたしにとって、とても大きな意味があると言わねばなりません。わたしは歯を食いしばり、ドレスの紐《ひも》に手をあててそれを解きました。

このときわたしの顔は真っ赤に火照《ほて》っていたはずです。おそらく裸のまま数多くの人々の前に、異性の前に出ていく羞恥心からでしょう。そのあとは試験官の先生が言われるとおりに機械のように動くだけでした。一〇分後、試験官は大声で叫びました。

「合格!」

中国史上最初のヌードモデルはこうして誕生したのです。新学期が始まると、わたしは彫刻学部に配属されました。そこにもまた、壁のように大きな間仕切りが立てられていました。周囲にいるのは、わたしと近い年齢の大学生たちだけでした。

彼らは好奇心に満ちあふれた目でわたしを凝視し、わたしが服を脱いで裸になるのを待っていました。わたしは勇気を振り絞り、高鳴る胸をおさえて大胆に学生の前へと歩いていきました。芸術か猥褻か、その間に立っている間仕切りが崩れたかのようでした。

この手記が新聞に発表されるやいなや、社会的に大きな反響が起こった。新聞社には数万通の読者からの投書が舞い込んだが、圧倒的多数が彼女に対する嘲笑、批判と軽蔑の内容であったという。

「中国近代史に登場する数千、数万の革命烈士先輩の中で、こんな裸体芸術に参加したり、これを称賛する人がひとりでもいるだろうか？」

「まんいち女性裸体描写を芸術だとすれば、それは女性がこれまで歴史の中で耐えて我慢をしてきた女性蔑視の野蛮社会へと舞い戻ることだ」

「どうしてわれわれ中国人が、あえて西洋の腐《くさ》りきった不潔な思考を模倣せねばならないのか？」

しばらくの間、新聞社がパニックになるほどの投書が舞い込み、全国的にヌードモデル事件の余波が波及した。開放的な性意識をもっている中国人が、いっぽうでは徹底して閉鎖と保守の観念にとらわれているという事実を如実に示した事件と言えるだろう。

最近では、またこんな出来事もあった。

美人でスタイルもいい、ある田舎の女性がヌードモデルとして大都市の美術大学に採用された。ところがこれによって彼女に思いがけない災難が舞い込むとは誰が予想しただろうか？　彼女の田舎では「汚《けが》らわしい売女《ばいた》」だという噂がひろまり、彼女のヌードを描いた絵を実家の前にかけて彼女のことを侮辱した。両親と兄弟たちも一家を滅ぼす汚れた女だと侮蔑して暴力までふるうと、そのショックに耐えきれなかった彼女はそのまま発狂してしまった。

「わたしはヌードモデルよ！」

彼女はこう叫んで村中を素裸のまま駆け回ったという。かわいくて純粋だった田舎の娘が悲惨なことに保守思想のスケープゴートにされてしまったのだ。

古代中国でも女性の裸体画があったと伝えられている。漢の時代の劉去《りゅうきょ》という貴族が夫人の裸体を画家に描かせたのである。しかし、完成した絵を見た劉去は、なぜこんなことをするのかと激怒して、剣で夫人を殺して絵をびりびりに切り裂いてしまったという。ひょっとすると劉去の夫人が中国最初のヌードモデルだったのかもしれない。

幾《いく》久しい歳月の間、ヌードモデルという公式的な職業がなかった中国の歴史を振り返り、また最近あったヌードモデルにまつわる事件を勘案するとき、性文化の保守的一面をあぶり出すことができる。

しかしポルノと芸術の境界が中国人の意識の中からなくなる日は、さほど遠くない未来にくるものと思われる。

公衆便所と同性愛

一般的に女性の同性愛はレズビアン、男性の同性愛はゲイと言われる。レズビアンはギリシア神話やヨーロッパで特に有名だが、中国にも昔からあった。中国ではゲイを「竜《りゅう》陽君《ようくん》」あるいは「断袖《だんしゅう》」と呼び、レズビアンを「麻鏡《まきょう》」と呼んだ。女どうしがたがいに擦《こす》りまくるという意味からきているのだろう。

こんにち中国では、地下に潜んでいた同性愛者の活動が日増しに活発になって、社会的に注目を浴びている。現在、北京では同性愛者たちが秘密裏に活動する場所がなんと九〇カ所以上もあるという。北京の同性愛者の間ではそれを知らない人間はいない。彼らが集まるバーの店内は、音楽は流れているものの、ふつうの店とはまったく異なる。毎週決められた曜日になると常連客でぎっしりになる。市内の同性愛者たちがどっと押し寄せてくるからだ。

ここは秘密の場所であり、安心して楽しむことができるところだという。以前に同性愛者が集まっていたあるキャバレーで、バレンタインパーティーが催されたのだが、男どうし抱擁しあって踊りデュエットで歌う光景を、市当局と警察が見過ごすはずがなかった。このキャバレーはしばらくしてから頽廃《たいはい》酒場として看板を降ろさざるを得なくなった。

中国の専門家たちの言葉によると、女性同性愛者の実態は把握するのは難しいが、同性愛者はだいたい中国の人口の一〜五％程度になると予測している。まんいち、この数字が正しいとすると、現在、中国には一二〇〇〜六〇〇〇万の同性愛者が存在するわけだから、ひょっとすると韓国の人口を上回る数字である。

大学生一一〇名を調査した結果をみると、同性と抱擁した経験がある男性が四・二％、女性が四・六％にもなる。そして同性愛傾向がある大学生のうち、五〇％以上が一六歳以前に同性愛の初体験をするという。こんにちの若者たちの間でこのような傾向が強い理由は、ひとりっ子政策以来兄弟がいない人どうしが親しくつきあって同性愛にまで発展するためとの主張もある。

しかし数多くの同性愛者たちは心配と恐怖の中で暮らしている。家族や親戚、職場でばれはしないかと恐れ、警察に逮捕されないかと恐れ、エイズ感染のリスクも自覚している。警察に摘発されても罰金処分で終わるが、同性愛に対して偏見と軽蔑の視線で見る社会的な雰囲気がほんとうに恐ろしい。退廃的で浅薄なことだと誰もが汚らわしげに蔑《さげす》むのである。

中国で三日とあげずに繰り広げられる「黄色《おうしょく》（淫乱な行為を意味する。たとえば淫乱書籍を黄色書籍と呼ぶ）撲滅キャンペーン」においては、同性愛は摘発の対象となっている。

同性愛者は公衆便所に行けば見つけられるという言葉があるように、公衆便所と同性愛者は密接な関係にある。公衆便所にいっしょに入ろうとする男は十中八九、同性愛者だという。公衆便所の中でも特に公園近くの便所が同性愛者のデート場所だ。同性愛者どうしには特定の手ぶり、動作とスラングがあってすぐに見わけられるのだ。

一九九七年、中国にしばらく帰国したときのことだ。市内の奥まった公衆便所で用便をして出てきたのだが、なぜか二〇代の青年が近づいてきて、わたしの靴をさっと足で擦った。わたしは訳がわからず、どうせ不良だろうと思って知らんふりをしてそそくさと出てきた。あとで友人にこの話をすると、「彼は、きみにラブコールを送ったんだよ」とげらげらと大笑いをした。もう少しで同性愛者の洗礼を受けるところだった。

いまでも中国に行けばどこでもやたらと目につくものがあるが、それはまさに性病治療のチラシやビラで、よく電信柱にべたべたと重なって貼られている。その次に便所、住宅街、病院付近の建物、ごみ箱の蓋《ふた》なんかにも貼られている。

「祖先伝来の極秘の処方、鍼《はり》一本打てばありとあらゆる性病が消え去り、あなたの顔はにっこり笑顔……」

そしてその下に住所と電話番号が書かれている。

「どうぞお気軽にお電話ください」

事情通の友人の話によると、このチラシやビラはほかでもない同性愛者たちの暗号連絡だという。公にはコミュニケーションできない状況下で考案されたアイデアのようだ。

今世紀初め、広東《かんとん》や福建《ふっけん》のような女性の同性愛がさかんなところでは「十姉妹会《じゅうしまつかい》」「金蘭会《きんらんかい》」のような秘密結社があったという。彼女たちは友人のうち誰かが嫁入りすると、その女性のパンティーに赤い糸を縫い付けておいて、初夜にそれを脱げないようにした。三日後、実家に帰ってきたとき、それがそのままであれば貞操を守った女として秘密結社で高く評価されるが、まんいち切れていれば即刻秘密結社から追放されたという。

その秘密結社の流れは、こんにちの同性愛者にも継承され「十大スター」「五兄弟」などの組織があるというが、その内幕はいまだに把握されていないという。

現在、政府では公式的に同性愛者の権利を認めている。若い層ではインテリであればあるほど、「同性愛も人間のひとつの方式として理解し容認するほどの民主主義国家を作らねばならない」と指摘して、同性愛を認めている。

中国男子は死んだ？

中国人たちはこんにちの中国を「陰盛陽衰《いんせいようすい》」時代だと自嘲している。陰盛陽衰とは文字どおり陰《いん》、つまり女性が強くなり、陽《よう》、つまり男性が弱くなったということだ。女性上位時代であるこんにちの中国ほど陰盛陽衰の国はないだろう。中国の恐妻家「妻管厳《チクアンエン》」は世界的に有名ではないか？

中国では恐妻家のことを通称「気管炎《チクアンエン》」患者という。妻管厳と発音が同じだからだ。つまり文字どおり妻の管理と干渉が厳しいという意味だ。

中国の恐妻家の数は結婚をした男性全体の八五％にも及ぶと言われる。新中国成立後、毛沢東は「女性が天の半分を支えた」と言って男女平等を主張した。そうして女性たちの経済的役割と社会参加が日増しに強まり、男性よりも女性を優先させる社会的風潮が定着して、女権が西洋にも劣らないほど伸張した。

「男が男らしくない」というのが中国女性のおおいなる不満だ。中国の伝統演劇・京劇では昔から男優が女役をするのがふつうだった。また、伝統劇の中では弱々しい男や少年の役をする「小生《シャオシャン》」という配役があった。俳優たちはみな作り声で、か細く弱々しい声を出すのが原則である。

傑作の誉《ほまれ》高い小説『紅楼夢《こうろうむ》』の主人公の青年・賈宝玉《かいほうぎょく》は女のような男として有名だ。伝統劇の一種である越劇『紅楼夢』をテレビドラマとして製作するために、賈宝玉役の俳優公募広告が北京夕刊新聞に掲載された。全国津々浦々からなんと五〇万名もの青年が応募したのだが、そのすべてが自分は女っぽい気質がある軟弱な男だから賈宝玉役に適任だと自認している人々であった。

実際、中国で陰盛陽衰は一朝一夕に生まれたわけではない。その根源を探れば古代中国の性文化の機能的特徴に由来することがわかる。

もちろん中国でも、強靱《きょうじん》で牽強《けんきょう》で男らしいスケールの大きな男性美を追求しないわけではないが、中国性文化の発展過程を勘案するとき、中国の成年女性には選択の余地が少なく、したがって男性は競争する必要がなかった。

中国では近代においても父母の命に従って結婚が決められ、結婚さえすれば夫は妻の主人、妻は夫の奴僕《ぬぼく》に等しかった。競争と選択は存在しなかった。そして、それらが欠如したシステムはただちに男の弱化と女の強化を招来した。

そうして陰が発達して、陽が衰弱する道を歩むことになる。まさしくこのようなシステムが、中国社会の男性の女性化傾向と、女性の男性化傾向が重なる陰盛陽衰現象を生んだ張本人である。

人類学者たちの研究によると、中国男性の肉体からこの点を立証できる。中華民族の先祖である北京原人《ぺきんげんじん》は身長が約一五六センチ。体重が六〇キロで、秦《しん》の始皇帝の時代の兵馬俑《へいばよう》から発掘された武士の身長は一七八～一八七センチで、当時の男の実際の身長であったという。

ところが、現代の中国男性の平均身長は一六五センチ（北方人一七〇センチ、南方人一六〇センチ）にしかならないという調査結果が出ている。ここから、中国男性の身長が封建社会中期から退化傾向を見せたということがわかる。五〇万年前の北京原人に比べて一〇センチも伸びていないのだ。山を引き抜いた力士、項羽《こうう》や虎を捕まえた武松《ぶしょう》のような猛者《もさ》がしだいに減り、女性化して軟弱な賈宝玉や学士たちが増えたのである。

体力ばかりか知力も、そして心理的な男性気質もしだいに弱化したとの研究結果も出ている。宋・明の時代に至って、さまざまなタイプの学士があまたの男性にとっての理想形として、女性的な外見が脚光を浴びた。長く伸びた髪を垂らして「小人」「奴隷」を自称してぺこぺこする清の時代の男性の姿は、いまでも中国人の記憶に鮮《あざ》やかに残っている。

中国の去勢、すなわち宦官も女性美を崇拝した風習の産物であり、纏足も女性があまりに強いために、女性を管理拘束する手段として生じた産物だと指摘する学者もいる。

アメリカのある社会学者は「中国の『玉房秘決《ぎよくぼうひけつ》』が主に『ベッドの上で行なうこと』を伝授するのならば、ローマの『愛の芸術』は主に『いかにしてベッドまで行くか?』という芸術を伝授する」と興味深い比較をしている。

ここにその区別が一目瞭然に表われている。「いかにしてベッドまで行くか?」ということは競争と追求と、それに伴う体力、知力と魅力を意味する。それゆえ西洋の童話の中には美しいお姫さまを得るために、山越え海越え猛獣と闘い、最後まで探し求める空想の世界が描かれる。

しかし「ベッドの上で行なうこと」は、ただ黙って待っていて、ある女が決められると、いかにしてその女を制覇するかだけを考えればいいのだ。競争と闘争は必要ない。仙女が出てくる童話も、結局仙女が降りてきてくれるのであり、男がしたことといえば羽衣を隠したことだけである。

中国人は昔から男に「書物の中に玉のような美人がいる」と教えたほどだ。

現在、中国では女性解放と女性の役割について世間が騒ぎ立てているが、急務なのはむしろ男性解放ではないかと言われている。女性たちはすでに纏足を解き、家を出て、革命に投身した。しかしながら、男性はいまだに男性の美、男性の陽気を回復できずにいる。

「男たちよ、堂々とした男らしい男になれ！」

これが最近の中国の女性と男性たちの叫びである。

かねてより儒教では、陰陽が調和を失えば社会が混乱すると教えた。中国の飛躍はもしかすると男性の解放から始まるのかもしれない。

公的に認められているセックス産業

一九八〇年代後半、中国大陸では「黄色（淫乱）旋風」と呼ばれるセックス産業がひとしきり吹き荒れた。この黄色旋風は南方から北方へと蔓延《まんえん》して、さらに頻繁《ひんぱん》に、さらに激しく猛威をふるった。

中国では娼婦のことを「小姐《シャオチェ》」「服務員《フウイエン》」という呼称で呼んでいる。新聞などのマスコミでは「三倍《サンペイ》」と呼んでいるが、三倍とは三種類のサービス、つまりいっしょに食べて飲んで、いっしょに踊って、いっしょに寝るという意味だ。裏通りではこのような女性、つまり売春婦を「野妓《エチ》」、あるいはそれをもじって同じ発音の「野鶏《エチ》」と呼んだりする。

一九八九年に上海だけでも二万六〇〇〇名もの若い女性が売春活動で検挙されたという。一九九三年、上海公安局課長の言葉によれば、上海だけでも専門売春婦が約一万名いるが、これは氷山の一角にすぎないという。

ホテルのロビーは上海の売春組織が活用する場所でもある。外国やよその土地からやって来た宿泊客に目をつけて、ポン引きの男がさっと近づいてきて耳許で囁く。

「いい女がいますよ。部屋番号を教えてくれたら、すぐに行かせますから」

待機していた女たちはすぐさま携帯電話へ連絡をもらって、指定された部屋へと駆《か》け参じる。約三〇分の間でことをすませて数百から数千元の金をせしめる。もちろんその金は売春組織に吸い取られ、彼女たちの手には半分も入らない。

あるホテルには外国人を狙って背中をトントンと叩く売春婦もいる。彼女たちがひとたび客を誘惑してベッドインに成功したら、適当な時間になると仲間の男たちが公安（警察）のふりをして突然部屋に押し入ってくる。そして客の外国人に対して、罰金を払うか逮捕されるかのどちらかを選べと脅迫する。外国人なら当然前者を選ぶから、こうしてまんまと巨額の外貨を荒稼ぎするのだ。

北方の売春活動も非常に活性化している。「北方の香港」と呼ばれる港湾都市・大連《だいれん》の街角には、二、三年前から娼婦たちが並んで客引きをしている。いまでは彼女たちが公然と群れをなしてカラオケ、理髪店、サウナ、レストランなどに登場している。

大連から車で一時間ほど行ったところにWという有名な性産業都市がある。セックス産業は開放の衝撃下でここで特に発達を遂げている。大連のように黄色撲滅キャンペーンが盛んでなく、酒場ごとに相手をするホステスがいて価格も低廉《ていれん》なので、各地から客が集まってくるという。噂を聞いて全国から特殊サービスを堪能しようと、飛行機で大連まで飛んできてタクシーで直行する男たちがひきもきらないという。

東北最大の都市・瀋陽《しんよう》の性産業も最近活発化している。繁華街ではレストラン、サウナ、カラオケ、ルームサロンなどが完備された総合娯楽センターが軒《のき》を連ねている。カラオケルームに入ると、シースルーのドレスを着たホステスたちが「いらっしゃいませ」と歓迎する。

カラオケルームの施設は高級で一〇名あまり、あるいは二〇〜三〇名が座れる広くておしゃれな部屋がある。このような部屋は時間制限なく、使用料が三〇〇〜四〇〇元ぐらいかかり、酒代は別勘定となる。酒と肴《さかな》、フルーツなどが出てきて「接待ホステスを呼びましょうか？」と尋ねられる。マダムが連れてくるホステスが客の隣に座る。写真で顔を見てから指名するシステムのところもあって、まるで日本に来たかのように錯覚する外国人もいるという。カラオケを歌いながら酒をしこたま飲んでおおいにもりあがれば、その夜、あるいは翌日には客とデートしてホテルへ直行するわけだ。

このようなことが氾濫しているのだが、性病の処置が追いつかず大流行しているという。そうして暗々裏に個人性病治療所が乱立する結果となった。性病に罹《かか》ったホステスと男たちは噂になるのを恐れて、このような個人診療所に行って治療するという。したがって個人診療所が立ち並ぶ街の不逞《ふてい》の輩《やから》たちが荒稼ぎをするわけだ。

中国では性病は富貴病だと呼ばれる。金持ちが遊んで楽しんだあとに罹る病気という意味だ。その筋の男たちの言葉によると、セックスに従事するホステスの大多数がさまざまな性病に罹ったことがあるという。ところが彼女たちは診療所にはあまり行きたがらないから、性病は隠蔽《いんぺい》されたままで、性的接触をした男たちはまちがいなく感染するはめになる。

瀋陽のような大都市でセックス産業に従事する女性の数はどれほどいるだろうか？　あ

る非公開資料によれば、瀋陽を省庁所在地とする遼寧《りょうねい》省には、五〇〇〇あまりの遊興業所（性産業所）があって、そこで働く女性の数は九万五〇〇〇人に達するという。しかしその実際の数字は、なんとその一〇倍以上にも及ぶと推測されている。その女性たちは無職か、あるいは最近失業した、いわゆる「下崗女工《かこうじょこう》」たちだ。

彼女たちの収入はどれくらいだろうか？　高級酒場で働く女性は毎日、夜の手当てが一二〇〇元で、いっしょに歌って踊って飲み食いすればチップが二〇〇元ほどになる。一般的な酒場の女性は手当が四〇〇～六〇〇元にチップ一〇〇元、安酒場の女性は手当二〇～三〇元にチップが一〇～一〇〇元程度だという。一カ月に二五日は働くとすれば、平均収入は四〇〇〇元以上で、五〇〇〇～一万元が実際の収入となる。

一九九七年十月、瀋陽市税務局では前代未聞の決定が下された。娯楽サービス業（ダンスホール、コーヒーショップ、サウナ、バー、カラオケ等）に従事して収入を得るサービス職員に納税証を発行し、それを常に携帯して業種ごとに納税することを義務づけた。そして酒場、キャバレー、ダンスホールなどを転々としながら稼いでいる女性に対しても納税を義務づけた。

セックス産業に従事する女性に納税を要求するという事実は、この業種を公式に産業として黙認するという意味だ。その後、全国的に同様に納税を要求する大都市がかなり増えてきて、さまざまな面で問題になっている。遼寧省ではこのような女性から徴収した税金がなんと五億元にも及んだという噂もある。

改革に伴って性的にも開放され、それが性産業として認定されたことも社会発展の象徴と言えるだろう。人間の基本的欲望と娯楽を満足させることが、セックス産業の役割だと黙認する時代になったわけだ。彼女たちのサービスによって社会の安定度が高まると専門家たちも賛成する。

中国社会も性革命の時代に徐々に足を踏み入れ始めたのではないだろうか?「売春と性病が存在しない」という神話は、いまや遠い昔話になってしまったのだ。

おわりに

この本は中国人の性文化を古代から現在まで、自分なりに整理してみたものだ。一三億という人口大国・中国の性、エロスに関する内情は、同じ漢字文化圏に属する日本や韓国にはあまり知られていない。もちろん新聞やテレビを通して「馬に乗ってお花見」式の報道があるにはあるが、やはりベールに包まれた性文化の実際に関しては、正確には伝達されていないようだ。

比較文化を研究するわたしとしては常に性文化に対して、特に、あまり知られていない中国男女のエロスに対しておおいなる関心を抱いてきた。平素から心がけて熱心に収集してきた資料を読みやすく整理してみたのが、まさしくこの本である。中国人の性に関して理解する一助となれば誠に幸いである。

最後に、読者の皆さんからの忌憚《きたん》のないご指導を乞《こ》い願って筆を置く。

二〇一〇年一月　広島で

金《きん》　文学《ぶんがく》

参考文献

江曉原『性張力下的中国人』(上海人民出版社)
劉達臨『中国当代性文化』(上海三聯書店)、『中国古代性文化』(寧夏人民出版社)
鄭思禮『中国性文化』(中国対外翻訳出版公司)
林語堂『中国人』(浙江人民出版社)
錢伯文『中国食療学』(上海科学技術出版社)
葛兆光『道教と中国文化』(上海人民出版社)
鄭麒來『中国古代的食人』(中国社会科学出版社)
R・H・ファン・フーリック『古代中国の性生活』(せりか書房)
陳舜臣『中国の歴史1～15』(平凡社)
岡本隆三『纏足物語』(東方書店)、『男盗女娼』(波書房)
中村真一郎『色好みの構造』(岩波新書)
大沢昇『中国の性愛テクノロジー』(青弓社)
暉峻康隆『日本人の愛と性』(岩波新書)
三田村泰助『宦官』(中公新書)
ミシェル・フーコー『性の歴史I～III』(新潮社)

（本書は、二〇〇四年七月に日本僑報社から刊行された『好色と中国文化』を著者が加筆、修正をしました）

一〇〇字書評

切り取り線

購買動機（新聞、雑誌名を記入するか、あるいは○をつけてください）	
□（　　　　　　　　　　　）の広告を見て	
□（　　　　　　　　　　　）の書評を見て	
□ 知人のすすめで	□ タイトルに惹かれて
□ カバーがよかったから	□ 内容が面白そうだから
□ 好きな作家だから	□ 好きな分野の本だから

●最近、最も感銘を受けた作品名をお書きください

●あなたのお好きな作家名をお書きください

●その他、ご要望がありましたらお書きください

住所	〒				
氏名		職業		年齢	
新刊情報等のパソコンメール配信を 希望する・しない	Eメール	※携帯には配信できません			

あなたにお願い

この本の感想を、編集部までお寄せいただけたらありがたく存じます。今後の企画の参考にさせていただきます。Eメールでも結構です。

いただいた「一〇〇字書評」は、新聞・雑誌等に紹介させていただくことがあります。その場合はお礼として特製図書カードを差し上げます。

前ページの原稿用紙に書評をお書きの上、切り取り、左記までお送り下さい。宛先の住所は不要です。

なお、ご記入いただいたお名前、ご住所等は、書評紹介の事前了解、謝礼のお届けのためだけに利用し、そのほかの目的のために利用することはありません。

〒一〇一－八七〇一
祥伝社黄金文庫編集長　吉田浩行
☎〇三（三二六五）二〇八四
ohgon@shodensha.co.jp

祥伝社ホームページの「ブックレビュー」からも、書けるようになりました。
http://www.shodensha.co.jp/bookreview/

祥伝社黄金文庫

祥伝社黄金文庫　創刊のことば

「小さくとも輝く知性」――祥伝社黄金文庫はいつの時代にあっても、きらりと光る個性を主張していきます。

真に人間的な価値とは何か、を求めるノン・ブックシリーズの子どもとしてスタートした祥伝社文庫ノンフィクションは、創刊15年を機に、祥伝社黄金文庫として新たな出発をいたします。「豊かで深い知恵と勇気」「大いなる人生の楽しみ」を追求するのが新シリーズの目的です。小さい身なりでも堂々と前進していきます。

黄金文庫をご愛読いただき、ご意見ご希望を編集部までお寄せくださいますよう、お願いいたします。

平成12年(2000年)2月1日　　祥伝社黄金文庫　編集部

愛《あい》と欲望《よくぼう》の中国《ちゅうごく》四〇〇〇年史《ねんし》

平成22年2月20日　初版第1刷発行

著者　金《きん》　文《ぶん》　学《がく》

発行者　竹内和芳

発行所　祥《しょう》　伝《でん》　社《しゃ》

東京都千代田区神田神保町3-6-5
九段尚学ビル　〒101-8701
☎03(3265)2081(販売部)
☎03(3265)2084(編集部)
☎03(3265)3622(業務部)

印刷所　堀内印刷

製本所　ナショナル製本

造本には十分注意しておりますが、万一、落丁、乱丁などの不良品がありましたら、「業務部」あてにお送り下さい。送料小社負担にてお取り替えいたします。

ISBN978-4-396-31505-4　C0195

祥伝社のホームページ・http://www.shodensha.co.jp/